S. FISCHER

Marina Weisband
mit Doris Mendlewitsch

Die neue Schule der Demokratie

Wilder denken,
wirksam handeln

S. FISCHER

MIX
Papier | Fördert
gute Waldnutzung
FSC® C083411
FSC
www.fsc.org

Erschienen bei S. FISCHER

Satz: Fotosatz Amann, Memmingen
Druck und Bindung: CPI books GmbH, Leck
ISBN 978-3-10-397592-5

Für Amalia, der die Welt geöffnet sein soll

Inhaltsverzeichnis

Die Lust an der Demokratie

Demokratie muss man nicht nur wollen, man muss sie auch können. In den letzten Jahren sieht es so aus, als ob demokratisches Handeln nicht mehr so selbstverständlich wäre, wie wir dachten. Die Wahlbeteiligung sinkt, bei Landtagswahlen bis auf knapp über 50 Prozent, in der Altersgruppe von 18 bis 20 Jahren sogar auf rund 40 Prozent (NRW 2022). 20 oder gar 30 Prozent der Wahlberechtigten können sich vorstellen, für die AfD zu stimmen. Die Partei stellt Landräte und Bürgermeister, womöglich in nicht allzu ferner Zukunft sogar Minister. Die Demokratie zerbröselt vom rechten Rand her. Wie konnte das passieren? Häufig hört man die Vermutung, dass es sich um »Protestwähler« handelt, um sozial »Abgehängte«, um Menschen in prekären Verhältnissen. Das mag auf viele zutreffen, aber mit Sicherheit nicht auf alle. Drei Viertel der AfD-Wählerschaft sind Angestellte, Beamte und Selbstständige, mittlere Bildungsabschlüsse überwiegen.[1] Und dass so viele Menschen gar nicht wählen, lässt sich ebenso wenig mit einem geringen Einkommen hinreichend erklären. Ich bin Psychologin und schaue nicht in erster Linie aus einer soziologischen Perspektive auf das menschliche Verhalten. Mich interessieren vor allem die psychisch motivierten Gründe für ein bestimmtes Tun, ihre Genese und die Möglichkeiten, sie zu verändern.

Was meines Erachtens einen Nichtwähler und einen Pro-

1 Bundeszentrale für politische Bildung: Wahlergebnisse und Wählerschaft der AfD, Stand 2.12.2022, abgerufen am 20.7.2023, https://www.bpb.de/themen/parteien/parteien-in-deutschland/afd/273131/wahlergebnisse-und-waehlerschaft-der-afd/#node-content-title-1

testwähler verbindet, ist eine tief empfundene Ohnmacht. Es ist das Gefühl, in einem System zu leben, das mit einem selbst wenig zu tun hat und in dem man mit seinen Wünschen nicht durchdringt. Es ist das Gefühl, keinen Einfluss auf das Geschehen zu haben und nichts ausrichten zu können, mit den »normalen Parteien« sowieso nicht. Schon die Idee, sich zu beteiligen, erscheint absurd – »bringt doch eh nix«. Wenn Menschen mit dieser Einstellung leben, haben autoritäre Kräfte leichtes Spiel. Sie erzählen eine verlockende Geschichte: »Die Welt wird immer schlechter und unüberschaubarer. Und wer ist schuld? Die da oben! Du bist ein armes Opfer ihrer Machenschaften. Aber wenn du den guten Onkel wählst, einen wie mich, dann wird er es denen da oben zeigen. Ich mache die Welt wieder, wie sie früher war – nämlich normal.« Wer an der Komplexität der Welt zu scheitern droht, erkennt in fundamentalen, einfachen Antworten überzeugende Lösungen und sieht darin seine Chance.

Wenn wir uns die Entwicklungen der letzten Jahre anschauen – übrigens nicht nur in Deutschland, sondern auch in anderen Ländern –, hat dieses Ohnmachtsgefühl erheblich an Brisanz gewonnen. Es kann einerseits zu Resignation, andererseits zu Zorn führen. Manche Menschen ziehen sich ins Private zurück, andere bringen ihren Ärger in provokativen Aktionen zum Ausdruck oder gründen eine Partei, deren Programm schon im Namen steckt, wie etwa die »Bürger in Wut« in Bremen. Ich möchte nicht missverstanden werden. Keineswegs negiere ich, dass es differenzierte soziale und politische Faktoren gibt, die die Krise der Demokratie(n) mitverursachen. Ebenso wenig will ich das Verhalten von Jungen und Alten, Städtern und Landbewohnern, Männern und Frauen, Rheinländern und Sachsen usw. über einen Kamm scheren. Es gibt unendlich viele individuelle Gründe dafür, etwas zu tun bzw. zu unterlassen. Was aber für alle gilt und von manchen Analysten manchmal vergessen wird: Demokratie ist für jeden, auch für Motivierte, ein mühsames Geschäft. Diese Staatsform ist die anstrengendste, die man sich überhaupt vorstellen kann. Ihre Abstimmungsprozesse sind langsam und kompliziert, die Ergebnisse erscheinen oft unbefriedigend, der Aufwand ist immens, die zu lösenden Aufgaben werden immer komplexer, immer weniger durchschaubar.

Viele Menschen fühlen sich angesichts dieser Schwierigkeiten überfordert, sie haben keine Lust oder trauen sich nicht zu, die Mühen der demokratischen Beteiligung auf sich zu nehmen. Erst recht, wenn sie ihre Interessen nicht vertreten sehen und glauben, sowieso nichts ändern zu können, sondern nur als Alibi zu dienen. Doch woher soll die Lust an der Demokratie auch kommen? Wie soll man Demokratie können? Sie nur zu wollen reicht definitiv nicht aus. Es ist ein Irrtum zu glauben, dass Demokraten von selbst heranwachsen, gleichsam aus der Luft fallen und ab ihrem 16. oder 18. Lebensjahr, wenn sie das erste Mal wahlberechtigt sind, automatisch das tun, was man bei guten Demokraten eben voraussetzt. Sie tun es nicht, jedenfalls nicht alle. Aber warum erwarten wir das überhaupt? Was wären die Voraussetzungen dafür?

Wir machen uns oft nicht klar, dass nur die wenigsten von uns, egal ob jugendlich oder erwachsen, Demokratie »gewöhnt« sind. Denn wo bewegen wir uns im Alltag? Nur äußerst selten in wirklich demokratischen Strukturen. Schule oder Unternehmen sind in der Regel autoritäre Einrichtungen. Zum einen ist das Ziel vorgegeben: gute Noten zu erreichen oder erfolgreiche Produkte zu schaffen. Zum anderen sind die Hierarchien klar: »oben« der Lehrer oder Chef, »unten« der Schüler oder Angestellte. Wir sind natürlich keine totalitäre Gesellschaft und die unteren Etagen müssen weder Gewalt noch Gefängnis befürchten, wenn sie sich gegen die Autoritäten wenden. Aber sie haben Nachteile zu erwarten, und ganz generell wird belohnt, wer sich anpasst und das System nicht infrage stellt. Es ist ein bisschen überspitzt formuliert, das weiß ich. Schließlich sehen wir fast überall Mitbestimmungsorgane, Interessenvertretungen, Kummerkästen, Mitarbeiterumfragen und alle möglichen anderen Einrichtungen, über die es möglich ist, sich zu äußern. Dennoch ist das Maß an Einflussnahme für die meisten, die sich nicht direkt in Parteien oder anderen Vereinigungen engagieren können, sehr begrenzt. Und die jeweilige Autorität sieht auch nicht vor, das zu ändern. Der Effekt ist klar: Wer von der monatlichen Überweisung abhängt oder vom guten Schnitt auf dem Abschlusszeugnis, überlegt sich zweimal, ob er Reformbedarf anmeldet. Abgesehen davon, dass Engagement auch eine Frage der mentalen Kräfte ist, die zur Verfügung stehen.

Erlernte Hilflosigkeit

Die Schule beginnt um 8 Uhr, 45 Minuten Mathematik, 45 Minuten Deutsch. Wer zwischendurch zur Toilette will, muss um Erlaubnis fragen. Hunger hat man in der großen Pause zu haben, dann sind nämlich 20 Minuten zum Essen vorgesehen. Das System Schule sagt jedem Schüler, was er wann machen soll oder darf, wann er essen soll, wann er das Klassenzimmer wechselt, welchen Stoff er bis zu welchem Zeitpunkt gelernt haben muss, wie er dessen Beherrschung nachweist und so weiter und so fort. An den guten Schulen läuft das in freundlicher Atmosphäre ab, es gibt außerdem Extra-Angebote wie Orchester, Sport- oder Theater-AG und Ähnliches. Das ist schön, ändert aber nichts an dem grundsätzlichen Prinzip, dass sich die Schüler in einem vorgegebenen, relativ eng gesteckten Rahmen bewegen, dass sie weder das Ziel noch den Weg dorthin mitgestalten, geschweige denn selbst entwickelt haben.

In diesem Raum ist für existenzielle Fragen, die gerade Kinder und Jugendliche bewegen und sie in ihrer Entwicklung voranbringen, wenig oder gar kein Platz. »Wer bin ich?«, »Was will ich?«, »Wer sind die anderen?«, »In welcher Gesellschaft leben wir?«, »In welcher Gesellschaft wollen wir leben?« – das kommt meist nur am Rande vor oder in Fächern wie Philosophie und Religion. Dass der Transfer von den curricularen Inhalten zum Einzelnen gelingt, so dass er den Bezug zu seinem Leben findet, wäre wünschenswert, aber ich glaube, dass das nur selten gelingt. Die Haupterfahrung, die die Schüler an der Schule verinnerlichen, lautet: »Ich kann hier nichts bewirken. Ich kann das System, in dem ich mich acht Stunden am Tag aufhalte, nicht beeinflussen.« Den Lehrern geht es übrigens häufig ähnlich, auch sie leiden darunter, streng nach Vorgaben agieren zu müssen. Wer diese Erfahrung über Jahre macht, insbesondere in einer prägenden Phase seines Lebens, hinterfragt sie nicht mehr. Selbst wenn sich irgendwann eine Gelegenheit zur Veränderung bietet, ist es schwierig, die Motivation dafür zu entwickeln und seine Fähigkeiten zu mobilisieren. Das Verharren ist gewissermaßen eine natürliche Reaktion, ein Mechanismus der Anpassung und Frustvermeidung.

Ich nenne das »erlernte Hilflosigkeit«. Es ist ein Begriff, der in der Depressionsforschung verwendet wird. Ich übertrage ihn auf das Phänomen der menschlichen Teilhabe generell. Er beschreibt, was passiert, wenn ein Mensch lange keine Kontrolle über eine negative Situation hatte. Erhält er plötzlich doch die Kontrolle, hat er weder die Fähigkeiten noch die Motivation, etwas zu verändern. Es handelt sich um einen Schutzmechanismus vor wiederholtem Frust. Man gewöhnt sich die Passivität an. Wir haben zwar schon einmal aus dem unselbständigen Zustand eines Neugeborenen herausgefunden, unsere gewonnene Selbständigkeit und Handlungsfähigkeit aber wieder verlernt, weil wir in Systemen leben, in denen unsere Aktivität nicht erwünscht ist oder sogar als hinderlich angesehen wird. Wir lernen kollektiv, wieder hilflos zu sein und die Steuerung unseres Lebens anderen zu überlassen. Der Wille, unsere Umgebung, die Räume, in denen wir uns bewegen, selbst zu gestalten, kommt uns abhanden. Besser gesagt: Er wird uns weitgehend abtrainiert.

Eins meiner Lieblingsbeispiele dafür, dass es bei Schülern trotz oder wegen der ungünstigen Umstände einen Drang gibt, Veränderung zu bewirken, sind die Schultoiletten. In den meisten Schulen sind sie in einem katastrophalen Zustand. Mit Sprüchen und Graffitis übersät, abgerissenen Türklinken, verstreutem Klopapier, beschädigten Wasserkästen – ein Bild der Verwahrlosung. Ja, stimmt. Optisch wirkt der Zustand wie das Ergebnis eines Zerstörungswunsches. Ich würde jedoch radikaler interpretieren: Die Toiletten bieten den Kindern die einzige Möglichkeit, ihren Willen zur Veränderung, zur Inbesitznahme des Raums zu äußern – in diesem Fall des einzigen Raums, in dem sie sich unbeobachtet fühlen. Es ist ähnlich wie bei einem Kleinkind, das noch keine Türme aus Klötzen bauen kann. Es schmeißt einfach Klötzchen herum. Das ist seine Möglichkeit, seine Umwelt zu verändern. Bei der Zerstörung von Toiletteninventar verhält es sich nicht anders. Ich komme später noch einmal in anderem Zusammenhang auf die Toiletten zurück. Hier geht es mir zunächst nur darum, zu zeigen, dass ein Verhalten, das nach Rücksichtslosigkeit und Vernichtungswillen aussieht, ein anderes, ein konstruktives Motiv hat: nämlich den Wunsch, den Verhältnissen einen Stempel aufzudrücken, sie zu formen und zu gestalten. Doch das können die Schüler nicht, weil sie im Grunde den Status von Besuchern haben. Sie erleben sich nicht als wirksam Handelnde. Sie betreten die Schule: Herzlich willkommen, das Programm geht gleich los. Beschlossen haben es andere. Ihr seid hier, um es zu konsumieren.

Handeln lernen, Handeln ermöglichen

Nicht konsumieren, was einem vorgesetzt wird, sondern aktiv werden und handeln – das sind wesentliche demokratische Kompetenzen. Und ausgerechnet diese Fähigkeiten üben wir in den Schulen wenig. Natürlich wird in den sozialwissenschaftlichen Fächern und in Geschichte das »demokratische System der Bundesrepublik Deutschland« durchgenommen. Vielleicht gibt es auch mal eine Abstimmung, welche Farbe das Klassenmaskottchen haben soll, oder sogar ein paar Planspiele. Aber das ist »nur« Unterrichtsstoff. Schule an sich funktioniert nicht demokratisch. Dabei ist es essenziell für Kinder und Jugendliche, zu lernen und selbst zu erfahren, dass sie nicht hilflos einem System ausgeliefert sind, sondern Gestalter sein können. Dass es Spaß macht, sich nicht in den für sie vorgesehenen Bahnen zu bewegen, sondern neue auszuprobieren oder sogar zu konstruieren. Begeisterung für Demokratie beginnt bei der eigenen, aktiven Rolle, die man übernimmt.

Es reicht aber nicht, Kindern und Jugendlichen einfach zu sagen: »Macht doch mal, engagiert euch!« Demokratie und Sichbeteiligen muss man praktizieren – und zwar am besten systematisch und ganz praktisch in einem Bereich, der einen selbst betrifft. Dafür braucht man Hilfe und ein gutes Instrument. Es gibt verschiedene Möglichkeiten. Ich kenne mich am besten aus mit »aula«, einem Instrument, das sich vielfältig einsetzen lässt und mit dem Demokratie schon von jungen Menschen erlernt werden kann. aula steht für »ausdiskutieren und live abstimmen«. Dieses Beteiligungskonzept für weiterführende Schulen liegt mir am Herzen, ich habe es, natürlich mit Unterstützung vieler Menschen, vor rund zehn Jahren entwickelt. Es läuft mittlerweile an zahlreichen Schulen in Deutschland und an einigen im Ausland. aula stellt sozusagen die Schnittstelle zwischen Bildung und Demokratie dar und ist ein Instrument, mit dem sich demokratische Teilhabe in der Schule verwirklichen lässt – und zwar für alle.

Ein Blick auf aula ist deshalb interessant, weil das Konzept eine konkrete Antwort auf die sehr allgemeine Frage darstellt, wie Demokratie zu erlernen ist. Nicht utopisch, nicht in der Zukunft, nicht mit zusätzlichen Ressourcen – sondern heute, an existierenden, normalen Schulen. Und natürlich geht diese Frage unmittelbar jeden an. Praktisch jeder Mensch in Deutschland durchläuft die Schule. In der Schule lernt die gesamte Erwachsenengeneration von morgen. Wenn wir alle erreichen wollen – auch die Stillen, auch die Passiven, auch die Verängstigten –, dann dort. Zu einer Zeit, wenn sich ein eigenes Rollenbewusstsein gerade erst formt. An einem Ort, an dem Kinder gerade erst beginnen, sich ein Bild von der Gesellschaft zu machen.

Darüber hinaus lässt sich aula in allen Einrichtungen einsetzen, in denen Menschen zusammenleben oder arbeiten, zum Beispiel in Altersheimen, Gewerkschaften und Unternehmen. Denn überall dort geht es darum, das eigene Umfeld in Abstimmung mit anderen Beteiligten zu gestalten. Selbst wer sich persönlich bereits als wackerer Demokrat bewiesen hat, profitiert von der systematischen Betrachtung der Faktoren, die demokratisches Handeln und Entscheiden ausmachen. Es tut immer gut, die eigenen Voraussetzungen zu reflektieren und vielleicht sogar – wer weiß? – zu erweitern.

Entlang dem praktischen Einsatz des Beteiligungskonzepts von aula stelle ich in diesem Buch jene Kompetenzen vor, die alle Demokraten erwerben und leben sollten. Es gibt zahlreiche Konzepte, wie diese Fähigkeiten erworben werden können. Meines ist nur eines von vielen Projekten, die sich dafür einsetzen, Demokratie für junge Menschen lebendig zu machen.

Demokratie ist die beste Staatsform, die wir haben. Aber sie ist anspruchsvoll und anfällig. Wir sollten sie sehr gut pflegen, damit sie frisch und lebendig bleibt. Demokratie zu lernen ist für jede Generation eine Investition in die Zukunft – und eine Notwendigkeit für die Gegenwart.

Demokratie in die Schule bringen

Es ist mein zentrales Anliegen, aus Konsumenten Gestalter zu machen, also einen Rollenwandel herbeizuführen. Dafür setze ich bei den jungen Menschen an, deren Rollenbewusstsein noch im Entstehen begriffen ist. Ich möchte alle erreichen und vor allem diejenigen, die sich derzeit am wenigsten als Gestalter begreifen. Was liegt da näher als Schule? Meine Ausgangsfrage für die Entwicklung von aula war daher: Wie schaffen wir es auf der inhaltlichen und auf der praktischen Ebene, allen Schülerinnen und Schülern die Chance zur Beteiligung zu geben? Praktisch gesehen wäre es unmöglich, für jede anstehende Entscheidung sämtliche Schüler zu einer Versammlung einzuberufen, an deren Ende abgestimmt wird. Ein solches Verfahren würde jede Menge Zeit verschlingen, wäre organisatorisch aufwendig und relativ unübersichtlich. Auf der inhaltlichen Ebene wäre das Verfahren ebenfalls unbefriedigend. In einer Versammlung von mehreren hundert Teilnehmenden ist die Entwicklung eines Vorschlags, das Beleuchten seiner Vor- und Nachteile, das Austarieren verschiedener Interessen kaum möglich. Und von den vielen Anwesenden wären vor allem diejenigen aktiv, die sich sowieso immer einbringen und kein Problem damit haben, sich öffentlich zu äußern und Position zu beziehen. Die Schüchternen, die etwas langsamer Abwägenden, die weniger Sprachgewandten kämen kaum oder gar nicht zu Wort. Also eine Schieflage und alles andere als ein wirklich demokratisches Verfahren.

Ich bin ein Nerd und programmiere seit meinem zwölften Lebensjahr, insofern lag es nahe, dass meine Lösung für das Versammlungsproblem eine digitale ist. Wesentlicher Bestandteil von aula ist die Onlineplattform, mit der die schulische Versammlungshalle virtuell nachempfunden wird – mit einigen zusätzlichen Elementen, die in einer analogen Aula fehlen. Natürlich entwickelt man eine solche Plattform nicht allein. Die Gründung fand 2014 unter dem Dach von politik-digital e.V. statt, die Bundeszentrale für politische Bildung unterstützte uns, die Software erstellte zunächst Liquid Democracy, ein Verein, der digitale Konzepte für demokratische Beteiligung entwickelt und realisiert, sowie verschiedene Einzelpersonen. 2016/17 starteten wir mit vier Pilotschulen: mit der Jenaplan-Schule in Jena, der Pestalozzi-Schule in Freiburg, der Stadtteilschule am Hafen in Hamburg und dem Rupert-Neudeck-Gymnasium in Nottuln. Vier Schulen in vier Bundesländern, vier unterschiedliche Schulformen, vier unterschiedliche Ausgangssituationen. Auch wenn die Verläufe an jeder Schule anders waren und wir im Einzelnen nach der Pilotphase und Evaluation noch einiges verbessert haben, war das Ergebnis eindeutig: aula funktioniert und demokratische Teilhabe in der Schule ist möglich. Mittlerweile sind wir eine eigenständige gemeinnützige GmbH und um einige Jahre Erfahrung – auch im Ausland – und viele Erkenntnisse aus unterschiedlichen Schulen reicher, aber an den drei Grundelementen von aula hat sich nichts geändert: aula besteht aus der Onlineplattform, dem Vertrag und der didaktischen Begleitung. Ich möchte zunächst diese praktischen Voraussetzungen erläutern. Im folgenden Teil geht es um die demokratischen Eigenschaften, die Basis jedes demokratischen Handelns sind – in jedem Alter, in der Schule, am Arbeitsplatz, im Verein, in der Familie und überall sonst, wo Menschen gemeinsam leben und komplexe Probleme lösen wollen.

Die Onlineplattform

Die aula-Plattform ermöglicht, dass die gesamte Schülerschaft etwas beschließen kann. Sie strukturiert und bildet die Prozesse ab, die von einer Idee zur Abstimmung führen, und bringt auch Schüler aus verschiedenen Klassen miteinander in die Diskussion. Jeder in der Schule besitzt Zugang zur Plattform, alle Schüler, alle Lehrer und alle Angestellten – allerdings haben nicht alle Zugang überallhin. Das Ganze ist gegliedert in »Räume«, und die Benutzer sind verschiedenen Räumen zugeordnet. Wir haben die großen Schulräume, in denen sich alle befinden, im Prinzip eine ständige Vollversammlung. In den Klassenräumen agieren vorwiegend die Klassenverbände. Es gibt aber auch eine Art Interessenräume, beispielsweise kann die Musik-AG einen eigenen Raum besitzen. Dazu kommt noch das Lehrerzimmer.

Als Schüler sehe ich also nur meinen Klassenraum und den Schulraum. Wenn ich zusätzlich in einer AG bin, dann kann ich dort auch aufgenommen werden. Aber ich sehe nur die Räume, in denen ich auch mitbestimmen kann. Lehrer übernehmen meistens Moderatorenrollen und haben Zutritt zu allen Räumen. Wir haben außerdem Juniormoderatoren, das sind Schüler, die in ihren Räumen moderieren. Die Schüler können in der Schule oder von zu Hause aus jederzeit Ideen einstellen. Ideen können sich auf alles beziehen, was in der Schule vor sich geht und was man verbessern will. Auf der Onlineplattform können diese Ideen dann diskutiert, erweitert und abgestimmt werden. Wie der Prozess im Einzelnen funktioniert, erläutere ich später noch.

Der Vertrag

Bevor die Onlineplattform startet, arbeitet jede Schule einen Vertrag aus, sozusagen die Verfassung. Das ist ein hochpolitischer Prozess. Das »verfassunggebende Organ« ist die Schulkonferenz, sie ist das mächtigste Gremium der Schule. Die Einrichtung dieser Institution ist in allen Bundesländern über das Schulgesetz vorgeschrieben. Die Namen variieren ein wenig, in Rheinland-Pfalz etwa heißt das Gremium Schulausschuss. Aber im Wesentlichen besteht es überall aus der Schulleitung, Vertretern der Schülerschaft und der Elternschaft. Dieses höchste Gremium überträgt also seine Macht oder zumindest einiges davon auf die gesamte Schülerschaft. Es verpflichtet sich im Vertrag, alle Ideen mitzutragen, die per aula beschlossen werden.

Wir stellen der Schulkonferenz Musterverträge zur Verfügung, in denen Vorschläge zu finden sind, was über aula geregelt wird und was nicht. Beispielsweise können die Schüler keine Personalentscheidungen treffen, sie dürfen kein Geld ausgeben, das nicht vorhanden ist, und können nichts beschließen, was gegen die Gesetze verstößt. Der Vertrag führt aber auch explizit auf, was die Schüler dürfen, zum Beispiel die Hausordnung ändern, Veranstaltungen planen, in Absprache mit dem Fachlehrer den Unterricht beeinflussen und anderes mehr. Dieser Vertrag ist eine freiwillige Selbstverpflichtung der Schulkonferenz. Das heißt, juristisch ist er nicht einklagbar, er sorgt aber trotzdem für eine gewisse Verbindlichkeit. Weil es natürlich ein Riesenproblem wäre, wenn die Schulkonferenz oder einer ihrer Teile gegen diesen Vertrag verstößt, zu dem sie sich selbst verpflichtet hat.

Die didaktische Begleitung

Zu Onlineplattform und Vertrag gehören außerdem Lehrmaterialien. Sie helfen, den aula-Prozess didaktisch zu begleiten. Denn es genügt nicht, einfach nur zu sagen: Hier habt ihr eine Plattform für Beteiligung, alles Gute und viel Spaß damit. Ein sehr wichtiges Element ist zum Beispiel die aula-Stunde. Das ist eine Unterrichtseinheit, die regelmäßig stattfindet. Wir empfehlen, einmal in der Woche eine aula-Stunde durchzuführen. Viele Schulen haben dafür jedoch keine Kapazität. Sie setzen die aula-Stunde dann einmal im Monat an oder regelmäßig in den ersten 15 Minuten eines Fachunterrichts oder in der Klassenratsstunde. Es gibt viele verschiedene Modelle. Auf jeden Fall ist es essenziell, dass die neuen aula-Ideen auch im Klassenraum besprochen werden. Denn mit aula zielen wir ja besonders auf den Schüler, der in der letzten Reihe sitzt, die Arme vor der Brust verschränkt und keine Lust auf irgendwas hat, erst recht nicht auf Beteiligung. Dadurch, dass aula nicht nur auf der Online-Plattform, sondern auch im Klassenraum stattfindet, bekommt er immerhin passiv mit, dass sich etwas tut. Vielleicht lässt sich sein Interesse durch gar nichts wecken. Vielleicht passiert aber etwas, das ihn aktiviert. Ich habe zum Beispiel einmal erlebt, wie so ein Letzte-Reihe-Junge sehr lebhaft wurde, als er in einer aula-Stunde in der Klasse mitbekam, dass auf der Plattform der Abbau des Fußballtors auf dem Sportplatz kurz vor der Abstimmung stand. Er merkte, dass sich etwas anbahnte, was sich gegen seine Wünsche richtete. Offenbar war für ihn das Toreschießen in der Pause das Interessanteste am Schulalltag. Also argumentierte er sehr eloquent für die Beibehaltung des Tors – ein echter aula-Erfolg. Die Auseinandersetzung und das Aushandeln von Veränderungen finden also sowohl online als auch analog statt, um wirklich alle zu erreichen. Die Unterrichtsstunde ist der Ort, an dem sich die beiden Sphären treffen.

Zusätzlich gibt es e-Learning-Einheiten, die bei der Einführung von aula helfen, Unterrichtskonzepte und pädagogische Prinzipien wie das »radikale Ernstnehmen«.

Der Prozess

Ich skizziere hier zunächst, wie die Plattform funktioniert und genutzt wird. Welche Fähigkeiten aula fordert und fördert und wie die Komplexität der demokratischen Entscheidungsfindung bewältigt wird – was für das Erwachsenenleben und die Gesellschaft extrem wichtig ist –, erläutere ich tiefergehend in den späteren Kapiteln. Hier geht es zunächst einmal darum, die Grundzüge des Prinzips aula nachzuvollziehen.

Der Prozess beginnt mit der Wilde-Ideen-Phase, einer Art Brainstorming: Als Schüler oder Schülerin kann ich mit wenigen Sätze eine Idee beschreiben und online einstellen. Langwierige Begründungen sind nicht nötig. Wir wollen die Schwelle der Beteiligung bewusst sehr niedrig halten. Nun können die anderen zwei Dinge tun: Sie können die Idee liken und damit ausdrücken, dass sie prinzipiell irgendwie daran interessiert sind. Es wird nicht unterschieden zwischen Quatschideen und ernsthaften Ideen. Was besprechenswert ist, entscheiden die Schüler selbst. Und darin liegt eine enorme Provokation. Wenn genügend Schüler zu einer verrückten Idee sagen: Ja, das ist ein interessanter Vorschlag, und er dann ein bestimmtes Quorum überschreitet, kommt er in die nächste Phase. Das heißt, die Idee wird ernsthaft diskutiert.

Es kann aber auch sein, dass Schüler Verbesserungsvorschläge zu der Idee verfassen und diese einstellen. Rein technisch gesehen handelt es sich um Kommentare. Wichtig ist dabei: Es gibt Regeln für das Verbessern. Jeder Vorschlag beginnt mit dem gedachten Satz: »Ich stimme deiner Idee zu, aber nur, wenn …« Der Kommentar »Deine Idee ist doof« ist kein Verbesserungsvorschlag. aula ermuntert also durch die Technik und die Umgangsregeln zu konstruktivem Feedback, zu konstruktivem Austausch. Die Autoren der Idee sehen die Verbesserungsvorschläge, die ebenfalls wieder gelikt werden können. Das heißt, sie erkennen auch, welche Verbesserungsvorschläge auf Resonanz stoßen, und können sie in ihre Idee einarbeiten. Das ist eine großartige Sache, die Ursprungsidee lässt sich immer weiter verändern, je nachdem, welche Informationen und Anregungen eingebaut werden. Sie bekommt mehr Inhalt, sie wächst durch die Beiträge der anderen.

Die Wilde-Ideen-Phase bietet also zunächst einmal Raum für Kreativität und absolute »Straffreiheit«. Wir betreiben in dieser Phase das radikale Ernstnehmen, das heißt, jede Idee – und sei sie noch so scherzhaft gemeint – nehmen wir absolut für bare Münze, und wir stellen an sie die gleichen Fragen, die wir an jede ernsthafte Idee stellen. Auch wenn der Vorschlag kommt: Wir sollten einen Killerroboter anschaffen. Welche Fragen können das sein? In einer Art Leitfaden beschreiben wir mögliche Fragen, die an den Ideengeber gestellt werden können. Zum Beispiel: Wer profitiert von deiner Idee? Wer könnte einen Nachteil haben? Wie sieht der Zeitrahmen aus? Wer ist verantwortlich? Mit welchen Kosten müssen wir rechnen? Und im Fall der Killerroboter-Idee zusätzlich noch: Wie lässt sich eine solche Anschaffung mit dem deutschen Waffengesetz vereinbaren?

Gibt es zwei ähnliche Ideen, dann kann man sagen: Hey, wollt ihr euch nicht auf einen Kompromiss einigen, damit ihr eine bessere Chance auf eine Mehrheit habt? Wo widersprechen Ideen einander? In diesem Raum oder besser gesagt in dieser Phase findet für mich die eigentliche Demokratie statt. Sie lebt. Diese lebendige Demokratie bekommen selbst die passivsten Schüler mit. Und irgendwann haben sie alle diesen Aha- oder Aktivierungsmoment.

Wenn für eine Idee genug Unterstützung zusammengekommen ist, stellt der Moderator sie in die Box. In dieser Box stecken alle Ideen, die direkt miteinander verwandt sind, das heißt solche, die gleichzeitig abgestimmt werden müssen, weil sie einander potenziell widersprechen oder denselben Gegenstand betreffen. Es entsteht also ein Zusammenhang der verschiedenen, einzelnen Ideen. Gelegentlich gibt es Boxen, in denen wirklich nur eine Idee steckt, die angenommen oder abgelehnt werden kann. In manchen Boxen befinden sich zwei Ideen, die einander total widersprechen, so dass eine Entweder-oder-Entscheidung ansteht. Es gibt außerdem Boxen mit mehreren Ideen, so dass die Entscheidung zwischen mehreren Alternativen getroffen werden muss. Es kommt übrigens auch vor, dass mehrere Ideen aus einer Box gewinnen, etwa wenn es darum geht, Gelder aus dem Schülerhaushalt zu verteilen. Die Ausgangsfrage lautet also zum Beispiel: Wir haben 5000 Euro, wofür setzen wir sie ein? Und dann kann jeder seine Idee einstellen: Meine Idee X kostet 200 Euro, meine Idee Y kostet 500 Euro usw. Diese Ideen werden entsprechend den Interessensbekundungen und Likes in eine Rangfolge gebracht. Dann arbeitet man sich von oben nach unten durch, bis das Geld aufgeteilt ist. Es gibt also verschiedene Varianten.

Essenziell ist aber, dass diese Boxen tatsächlich einen Zusammenhang zwischen mehreren Ideen herstellen, die gleichzeitig besprochen werden müssen, weil sonst ein Chaos entsteht.

Es wirkt ziemlich komplex, das stimmt. Aber eigentlich geht es genau darum: Das Verfahren macht die Komplexität, die bestimmte Entscheidungen kennzeichnet, überhaupt erst behandelbar. Man lernt, mehrere Dinge gleichzeitig zu berücksichtigen, man gewinnt einen Eindruck, bewertet den Sachverhalt aber noch nicht in Gänze, sondern nimmt weitere Aspekte auf und integriert sie in die eigene Meinungsbildung. Es ist also das genaue Gegenprogramm zu der politischen Vereinfachung, die uns manche Populisten schmackhaft machen wollen, die aber der Realität in keinster Weise gerecht wird.

Ich merke oft, wenn ich das Konzept aula an einer Schule vorstelle, dass diese Phase am schwierigsten zu vermitteln ist. Der Übergang von einer wilden Idee in diese Box hinein ist für viele nicht leicht nachzuvollziehen. Aber das ist der eigentliche Kern des demokratischen Verfahrens: Komplexität zu erfassen und mit ihr umzugehen. Denn die Realität *ist* komplex. Wir können nicht einfach sagen: Ihr müsst euch zwischen Erdbeer- und Schokoladeneis entscheiden. Das ist nicht Demokratie. Denn es gibt auch noch Nusseis und manche mögen sowieso lieber ein Salamibrötchen und halten Eis für eine überflüssige Erfindung.

Die Box durchläuft verschiedene Phasen, ehe es zur Abstimmung kommt. Die erste ist die Ausarbeitungsphase, die zeitlich begrenzt ist, meist auf zwei Wochen. Zusätzlich werden innerhalb dieser zwei Wochen in den analogen Klassenräumen die neuen Ideen vorgestellt. Das heißt: Die Kinder präsentieren ihre Idee in verschiedenen Klassen und versuchen,

Interesse dafür zu wecken. Sowohl online als auch offline gibt es Feedback, Fragen werden gestellt, Verbesserungsvorschläge geäußert. In der Box bearbeiten die Autoren ihre Idee mit den neuen Informationen, so dass aus dem ursprünglich ein oder zwei Zeilen umfassenden Vorschlag schließlich ein richtiger Projektplan wird – bis keine Fragen mehr offen sind. In dieser Phase können auch weitere Ideen in die Box gelangen, die das Quorum nicht geschafft hatten, aber möglicherweise nun zum gegenwärtigen Stand der Diskussion passen. Am Ende dieser Phase sind die Projektpläne weit gediehen, möglichst gut ausformuliert, mit Bildern ergänzt usw. Dann wird das Ganze eingefroren, und es sind keine Änderungen am Inhalt der Ideen mehr möglich.

Bevor es aber wirklich zur Abstimmung kommt, findet noch eine Überprüfungsphase statt. Das heißt, die Schulleitung oder eine von ihr beauftragte Person prüft jede Idee in der Box, ob sie umsetzbar und mit dem Vertrag vereinbar ist oder gegen einen der Paragraphen verstößt. Es geht nicht darum, welche Präferenz die Schulleitung hat, ob ihr eine Idee gefällt oder nicht. Es geht allein um die Feststellung, ob etwa eine Idee den Kompetenzrahmen einer Schule generell übersteigt, gegen das Gesetz verstößt oder ein anderes prinzipielles Hindernis vorhanden ist, das Kinder und Jugendliche möglicherweise nicht erfassen können.

Nun folgt die Abstimmungsphase. Jeder Schüler und jede Schülerin kann eine Idee bewerten und sagen: Ich bin dafür, ich bin dagegen oder ich enthalte mich. Und es gibt noch eine interessante vierte Option: Die Schüler können ihre Stimme einer Person übertragen, der sie vertrauen. Das kann der Fall sein, wenn jemand zum Beispiel keine Zeit hat, um sich mit dem Thema zu beschäftigen, oder gar kein Interesse daran oder schlichtweg keine Ahnung. An diesem Prozess lassen sich natürlich viele wunderbare Unterrichtsgespräche über repräsentative Demokratie aufhängen: Wem vertraue ich und warum? Ist es besser, nicht mitzustimmen, oder sollte ich meine Stimme übertragen?

Die Abstimmungsphase ist ebenfalls zeitlich begrenzt, meist auf zwei Wochen. Am Schluss stehen die Resultate. Sie hängen auch von den Gewinnkriterien ab. Üblicherweise gibt es ein Quorum, zum Beispiel muss die Hälfte aller Schüler abgestimmt haben und es muss mehr Stimmen dafür als dagegen geben. Sind diese Bedingungen erfüllt, gilt eine Idee als angenommen. Und nun geht die Arbeit los. Die Urheber sind dafür verantwortlich, die Idee umzusetzen.

Mitunter treten interessante Entwicklungen ein. Es ist zum Beispiel möglich, dass jemand eine phantastische Idee hatte. Alle haben zugestimmt, große Mehrheit, super Ergebnis. Und dann passiert ... nichts. Wie manchmal im richtigen Leben. Diese Entwicklung zuzulassen ist ein pädagogisch gewollter Effekt. Lehrer sollten gegen ihren Impuls handeln und nicht helfen, geschweige denn die Realisierung des wunderbaren Projekts übernehmen. Hier gilt es, Nerven zu bewahren. Ob und wie es weitergeht, hängt entscheidend von der Ursache des Stillstands ab. Handelt es sich einfach um einen plötzlichen Ausbruch von Energiemangel, sollten Lehrkräfte zunächst mal gar nichts tun oder höchstens gelegentlich eine Bemerkung zum Ausbleiben von Ergebnissen fallen lassen, aber wirklich nur ganz indirekt. Die Initiative, kritisch bei den Urhebern nachzufragen, sollte von den Schülern ausgehen, die für das Projekt votiert haben und nun Fortschritte erwarten. Wenn ein reales Problem im Wege steht, das über die Kompetenzen der Kinder hinausgeht, sollten sie die Eltern heranziehen und sie als »Ressource« nutzen. Manches schaffen Kinder und Jugendliche einfach nicht allein. Wenn beispielsweise ein Fahrradständer eingerichtet werden soll, müssen zunächst Angebote eingeholt und miteinander verglichen werden, gegebenenfalls muss eine Baugenehmigung beantragt werden usw. In solchen Fällen sollen die Kinder natürlich zu den Erwachsenen gehen und um Hilfe bitten können. Aber das Entscheidende ist, dass die Initiative von denjenigen ausgeht, die verantwortlich für die Idee sind.

Diese Situation verdeutlicht nämlich zwei demokratische Prinzipien. Zum einen: Wenn ich nichts mache, passiert nichts. Und zum anderen: Ich fand die Idee so toll und habe dafür gestimmt, aber die Urheber erfüllen ihr Versprechen nicht. Dann muss ich eben selbst aktiv werden, nachfragen oder zum Beispiel Hilfe anbieten. Hier wird sehr einfach und eindrücklich klar, dass es eine Verantwortlichkeit aller gibt für das, was demokratisch entschieden wurde.

Die Moderatoren

Die Kinder werden, auch wenn sie sehr selbstständig agieren, nicht allein gelassen. Von Beginn an gibt es Moderatoren. In den verschiedenen Phasen des aula-Prozesses übernehmen sie – in der Regel handelt es sich um zwei Lehrkräfte – allerdings unterschiedliche Funktionen. Zunächst einmal übernehmen sie die üblichen Aufgaben, die auf jeder Social-Media-Plattform anfallen. Sie kontrollieren also beispielsweise, ob Posts beleidigende Inhalte aufweisen oder Äußerungen gegen die Nutzungsbedingungen verstoßen. Die zweite Funktion besteht in der didaktischen Begleitung. Das heißt salopp gesagt: Die Moderatoren halten den Prozess am Laufen. Sie erinnern an Aufgaben, sie ermutigen die Schüler, sich zu äußern, sind Ansprechpartner und reflektieren auch die Themen. Wenn in der aula-Stunde eine neue Idee vorgestellt wird, achten die Moderatoren also beispielsweise darauf, dass Nachfragen gestellt werden. Sollte das nicht der Fall sein, regen sie dazu an. Sie fragen etwa, wer verantwortlich wäre, sich um die Umsetzung zu kümmern, wie lange es wohl dauern würde, welche Kosten entstehen, welche Experten man zu Rate ziehen könnte usw. Bevor aula an einer Schule beginnt, schulen wir die Moderatoren genau dafür.

Die dritte Funktion der Moderatoren besteht darin, eine wilde Idee, die viele Likes eingesammelt hat, in eine Box zu stecken und damit den weiteren Ausarbeitungsprozess in Gang zu setzen, so dass aus der wilden Idee möglicherweise ein Projekt werden kann. Nicht jeder Moderator muss alle Aufgaben wahrnehmen, meistens teilen sie sie untereinander auf.

Außer den Lehrermoderatoren gibt es auch noch die Juniormoderatoren, ebenfalls üblicherweise zwei pro Klasse. Sie haben im Wesentlichen dieselben Aufgaben wie die erwachsenen Moderatoren, allerdings sind sie als »Peers«, also Gleichaltrige und Gleichgestellte, in einer etwas anderen Situation. Sie sind noch näher an den Mitschülern dran als die Erwachsenen, genießen vielleicht auch ein anderes Vertrauen oder besser gesagt: Sich an sie zu wenden ist für die Schüler noch leichter, als die Lehrer zu befragen. Wenn etwas nicht funktioniert, es Probleme mit dem Einloggen gibt oder Schwierigkeiten dabei auftreten, eine Idee zu formulieren, dann helfen die

Juniormoderatoren. Auch wenn sich ein Schüler aus irgendwelchen Gründen nicht traut, seine Idee zu veröffentlichen, kommt ein Juniormoderator ins Spiel. Er kann beispielsweise die Idee anonym einstellen und mitteilen, dass sie zunächst einmal ohne Initiator bekannt gemacht wird, er aber weiß, wer der Urheber ist.

Wer wird Juniormoderator? Das ist je nach Schule unterschiedlich, meistens melden sich Kinder freiwillig, weil sie das Projekt interessant finden und Verantwortung übernehmen möchten. Manchmal greifen wir zu Beginn zunächst auf die Klassensprecher zurück, da sie gewissermaßen schon ein Mandat durch Wahl mitbringen. Im Laufe des Projekts oder wenn die zusätzliche Aufgabe für die Klassensprecher zu viel wird, kann auch noch mal gewechselt werden. Das aula-Engagement kostet pro Woche ungefähr eine Stunde Zeit. Juniormoderator zu sein ist ein Ehrenamt, aber es zahlt sich insofern aus, als man einen positiven Vermerk auf dem Zeugnis dazu erhält oder sogar eine kleine Urkunde.

Sowohl die Junior- als auch die Seniormoderatoren werden geschult, so dass sie gut vorbereitet ihre Funktionen wahrnehmen können. Gerade für die Jüngeren werden darin auch Fragen geklärt wie: Was wollt ihr eigentlich machen, wie seht ihr eure Rolle? Was braucht ein System, um zu funktionieren? Was steht überhaupt in den Nutzungsbedingungen?

Bedenken, die ausgeräumt werden können

Ob die Lehrer, Schüler oder Eltern die Initiatoren sind – wer einer Schule vorschlägt, aula einzuführen, muss mit Gegenwind rechnen. Ich sehe das erst mal positiv, denn offenbar gibt es klare Vorstellungen, was dem Schulzweck dient und was nicht. Allerdings sind die Vorbehalte der Lehrkräfte oft ein wenig reflexhaft und dem Status quo verhaftet. Veränderungen werden schnell für allgemein unmöglich gehalten, »weil es halt so ist«. Gehen wir ins Detail, lassen sich drei Gruppen von Bedenken unterscheiden: die Ressourcenfrage, die Digitalisierungsskepsis und Angst vor Kontrollverlust.

»Noch ein Projekt – wie soll das gehen?!« Ich kann nachvollziehen, dass viele Lehrer keine Lust darauf haben, sich eine weitere Verpflichtung aufzuhalsen. Sie sind überfrachtet mit Aufgaben aller Art und bekommen von allen Seiten Druck, um die Kinder möglichst geradlinig zum erfolgreichen Abschluss einer Klasse oder einer Schullaufbahn zu bringen. Das Konzept aula sieht nach einer zusätzlichen Belastung aus, die nicht in den Plan passt. Viele Lehrer glauben, weder über die zeitliche noch die mentale Kapazität zu verfügen, um sich damit zu beschäftigen. Ich erkenne die Berechtigung dieser Einwände ganz und gar an. Unsere Lehrer haben einfach zu viel zu tun, und zwar auch mit Aufgaben, für die sie nicht ausgebildet sind. Dieser Einwand betrifft nicht nur aula, sondern die Struktur der Schule insgesamt und ist nur politisch zu lösen: Wir brauchen mehr Personal an Schulen und zwar nicht nur Lehrkräfte. Wir brauchen mehr Sozialarbeiter, mehr Psychologen, mehr Menschen, die Ansprechpartner für Kinder sind, die mit ihren Sorgen, mit ihrem Gesprächsbedarf nicht wissen wohin. Nicht einmal die engagiertesten Lehrkräfte können sich um die vielfältigen Anliegen kümmern, mit denen die Kinder zu ihnen kommen. Die Rolle der Schule hat sich verändert, sie muss vieles leisten, was früher in Elternhäusern ganz selbstverständlich vermittelt wurde. Die Schülerschaft ist weniger homogen, in Bezug auf die geographische und sprachliche Herkunft, auf die sozialen Verhältnisse und alles, was damit zusammenhängt. Der Aufmerksamkeitsbedarf jedes Kindes ist hoch. Also ja, die Lehrer haben ein Ressourcenproblem.

Dennoch muss aula keine zusätzliche Belastung sein. Wir haben das Projekt absichtlich äußerst ressourcenschonend angelegt, und es müssen sich auch nicht alle Lehrkräfte einer Schule intensiv damit befassen. Wenn zwei bis drei Lehrer sich engagieren, reicht das schon aus, auch wenn es natürlich schöner wäre, wenn mehr mitmachen würden. Außerdem kann aula arbeitserleichternd für Lehrer wirken. Weil die Klassengemeinschaft stärker wird, weil sie mehr Selbständigkeit in der Regelung ihrer Angelegenheiten entwickelt und weil sich die Stärkung der demokratischen Diskursfähigkeiten positiv auf das gesamte Klassen- und Schulleben auswirkt.

»Sollen die Kinder wirklich noch mehr daddeln, als sie es eh schon tun?« Die zweite Gruppe der Bedenken ist eine tiefsitzende Digitalisierungsskepsis. Auch das kann ich verstehen. Kinder und Jugendliche verbringen unfassbar viel Zeit mit ihren elektronischen Geräten. Aber, und das ist ein ganz großes Aber: Sollen wir sie lieber ungeschützt den rein kommerziellen Interessen der Internetgiganten, der Manipulation und dem Mobbing überlassen? Das Smartphone ist das moderne Schlachtfeld des Kapitalismus. Alles darin buhlt um die Aufmerksamkeit des Jugendlichen, der als Produkt gesehen wird. Seine Aufmerksamkeit ist ein Produkt, das an Werbetreibende verkauft wird. Wollen wir Kinder und Jugendliche wirklich damit allein lassen? Was ist, wenn sie, rein hypothetisch, Eltern haben, die sich auf diesem Gebiet nicht auskennen und ihre Kinder einfach machen lassen? Wollen wir wirklich, dass Jugendliche damit aufwachsen, sich nur durch Timelines zu scrollen, um möglichst schnell das nächste bunte bewegte Objekt anzuschauen? Oder wollen wir, dass Jugendliche das Smartphone als eine der mächtigsten, wenn nicht die mächtigste Erfindung der Menschheit betrachten und als Werkzeug für ihre eigenen Ziele erkennen, sich also gar nicht als Konsument begreifen, sondern als Gestalter ihrer Welt?

Gerade Pädagogen könnten den Kindern und Jugendlichen doch sehr gut beibringen, sinnvoll und konstruktiv mit digitalen Medien umzugehen. Außerdem gehört aula zu den wenigen Projekten, die eine inhaltliche Verbindung zwischen digitaler und analoger Welt herstellen. Das Digitale an aula ist nicht Selbstzweck, sondern ein Mittel für einen anderen Zweck, nämlich den der Beteiligung. aula ist die Demonstration dafür, dass digitale Plattformen gut geeignet sind, um eigene Ziele zu erreichen, um selbst etwas zu erstellen und mit anderen zusammen zu tun. Diese Plattform ist extra dafür gestaltet. Sie gibt einem nichts vor, sie hat auch keinerlei Gamification-Elemente. Natürlich mit Absicht. Denn ich möchte, dass die Lust an der Demokratie aus der Selbstwirksamkeit entsteht. Nicht aufgrund einer externen Belohnung.

»Aber wenn die etwas beschließen, was wir nicht wollen ...« Das ist die Angst vor Kontroll- und Autoritätsverlust. Sie ist unbegründet. In meiner gesamten Zeit mit aula habe ich noch nicht ein einziges Mal erlebt, dass eine Situation entgleist wäre, geschweige denn dauerhaft untragbare Zustände geschaffen hätte.

Ein Beispiel dazu: Eine Schule beschloss über aula, dass die Lehrkräfte ausprobieren sollten, einen Tag lang den Unterricht ausschließlich mit dem Smartphone zu gestalten. Eine Katastrophe? Ganz und gar nicht. Nach dem ersten Schrecken wurden die Lehrer aktiv, erkundigten sich an anderen Schulen nach dortigen Erfahrungen, unterstützten Kollegen und ließen sich von den Schülern helfen, das Smartphone konstruktiv und nicht nur als erweitertes Telefon zu nutzen. Beide Seiten profitierten voneinander. Außer fachlichem Wissen wurden auch Skills für die Quellensuche, für die Erarbeitung neuer Techniken und für das kooperative Lernen vermittelt. Besser geht's eigentlich nicht. Das fand die Schule auch, deshalb wurde aus der einmaligen Aktion eine regelmäßige Einrichtung. Einmal im Monat ist Smartphone-Tag.

Kinder und Jugendliche sind vernünftiger, als mancher meint, und sie sind im Übrigen auch oft strenger, wenn es um die Einhaltung von Regeln geht. Von Regeln, die sie sich selbst gegeben haben. Außerdem: Wenn wir Schüler auf Berufe vorbereiten sollen, die es heute noch gar nicht gibt, dann besteht Autorität nicht in der Vermittlung von Wissen, sondern in der Vermittlung der Fähigkeiten, mit Nichtwissen umzugehen.

Die Angst der Lehrkräfte vor Kontrollverlust ist schwer zu beheben. Sie sitzt tief und speist sich aus verschiedenen Quellen. Wenn wir an einer Schule aula einführen, drehen sich viele der Vorgespräche genau um diese Angst. Ich spreche mit den Lehrkräften ausdauernd darüber, welchen Begriff von Autorität sie haben, woraus sie sie beziehen und wofür sie glauben, Kontrolle zu benötigen. Es ist eine intensive, sehr persönliche Arbeit. Aber sie muss unbedingt geleistet werden, denn Menschen, die unter dem Druck stehen, Kontrolle über alle Schüler haben zu müssen, können kaum mündige Bürgerinnen und Bürger heranbilden. Das ist ja ein Widerspruch in sich.

Ich verurteile die Lehrkräfte nicht. Ich gehe davon aus, dass es entweder Menschen sind, die sich in hohem Maße dafür verantwortlich fühlen, die Kinder zu diesem oder jenem Abschluss zu bringen. Oder es sind Menschen, die selbst so unsicher sind, dass sie einen Raum fürchten, in dem nicht die von ihnen bestimmten Regeln gelten. Wir haben es bei Lehrern ganz oft mit dieser Unsicherheit zu tun. Auch das verurteile ich nicht. Ich habe ein positives Menschenbild, deshalb glaube ich, dass ihre Unsicherheit nicht einfach in ein Beharren auf Macht mündet, sondern in die Sorge, dass sie ihren Unterricht nicht durchführen können, wenn unerwartetes Chaos entsteht. Vielleicht steht dahinter eine Vorstellung von Schülern als potenziell chaotische Masse, in die Ordnung gebracht werden muss, bevor der Unterricht beginnen kann. Ich möchte in diesen Gesprächen herausfinden, welche psychische Funktion das Beharren auf Kontrolle erfüllt und ob es Alternativen dafür gibt. Das heißt, mit anderen Worten, wie diese Lehrer sonst mit ihrer Unsicherheit umgehen können.

Meiner Erfahrung nach gibt es nur sehr selten Bereiche, in denen die Lehrer darauf vertrauen können, dass diese Unsicherheit durch Gleichgesinnte aufgefangen wird. Lehrer sprechen im Lehrerzimmer eher selten über Persönliches miteinander. Sie haben kaum Zeit, sie rennen rein und hetzen gleich wieder raus. Dass an einer Schule wirklicher menschlicher Austausch passiert, erfahre ich nicht oft. Nichts fängt Lehrer auf. Wenn sie viel Glück haben, haben sie im privaten Umfeld vertraute Menschen, bei denen sie belastende Dinge loswerden können. Aber was, wenn nicht? Dann tragen sie diese Unsicherheiten mit sich herum. Sie haben viele junge, formbare Menschen vor sich, über deren leibliches, seelisches und akademisches Wohl sie irgendwie wachen müssen. Das ist eine große Verantwortung, die manchen mehr belastet, als er gut aushalten kann. Gerade für diese Lehrer wäre es ein Gewinn, wenn sie sich auf aula einließen. Weil sie sähen, was in den Schülern steckt und wie sich Verantwortung auf viele Schultern verteilen lässt.

Der Vollständigkeit halber sei erwähnt, dass nicht nur manche Lehrer zurückhaltend reagieren, wenn wir ihnen aula vorstellen. Es sind auch nicht immer alle Schüler Feuer und Flamme. Teils liegt es daran, dass sie nicht auf Anhieb begreifen, was aula für sie bedeutet, welches Werkzeug sie in die Hand bekommen. Wahrscheinlich denken auch einige von ihnen genauso wie ihre Lehrer: Meine Güte, noch ein Projekt! Manche trauen sich aula aber einfach auch nicht zu. Das ist mir ein paar Mal an sogenannten Brennpunktschulen begegnet. An einer Schule hat mir eine Schülerin wortwörtlich gesagt: »Frau Weisband, das alles klingt nach einem Superprojekt und an anderen Schulen funktioniert das wahrscheinlich auch, aber wir hier sind einfach zu dumm dafür.« Ich war wirklich schockiert. Man kann so eine Äußerung als Selbstskepsis beschreiben, ich denke aber, dass hier vielmehr der sogenannte Labelling-Effekt zu erkennen ist. Er entsteht dann, wenn ich einer Kategorie zugeordnet werde oder mir Eigenschaften aufgrund meiner Herkunft, meiner Hautfarbe, meines sozioökonomischen Status zugeschrieben werden. Und ich dann tatsächlich diese Eigenschaften in meine Persönlichkeit und in mein Verhalten aufnehme. Nachdem ich mich von dem

Schock erholt hatte, versicherte ich dem Mädchen und der ganzen Klasse, dass niemand zu dumm für aula sein kann. Wer in der Lage ist, zu erkennen, was einem selbst und was den Mitschülern wichtig ist – der ist klug genug für aula und für alle anderen Formen von Teilhabe.

Es gibt diese Vermutung oder Befürchtung, Kinder und Jugendliche würden sich schädlich oder zumindest unklug verhalten, wenn sie demokratisch handeln können. Interessant ist, dass viele Erwachsene ähnliche Vorbehalte gegenüber einer Stärkung von Elementen der direkten Demokratie haben, etwa den Volksabstimmungen. Das ist eine neuere Entwicklung, bis vor ein paar Jahren waren die Bürger mehrheitlich eher dafür, auch die meisten im Bundestag vertretenen Parteien. Die ehemalige Bundesverfassungsrichterin Gertrude Lübbe-Wolff führt in ihrem Buch *Demophobie. Muss man die direkte Demokratie fürchten?* einige der gängigen Vorurteile auf, etwa dass das Volk zu dumm sei, in bestimmten Sachverhalten zu entscheiden, oder es dem Volk generell an Verantwortungsbewusstsein mangele. Sie widerlegt mit guten Argumenten diese Ansichten und ist der Meinung, dass direktdemokratische Einrichtungen zwar kein Allheilmittel sind, bei richtiger Ausgestaltung aber unter anderem eine stärker an den Interessen der Bürger orientierte Politik und eine Zunahme von Bürgersinn und Bürgerkompetenz begünstigen.[2] Ich meine, diese Erkenntnisse lassen sich sehr gut auf die Schulen übertragen. Je früher die künftigen Gestalter unserer Gesellschaft diese Fähigkeiten entwickeln können, desto besser.

2 Vgl. Gertrude Lübbe-Wolff: *Demophobie. Muss man die direkte Demokratie fürchten?*, Frankfurt / M. 2023, S. 12 und S. 147

aula beginnt beim Individuum und seinen Fähigkeiten. Allerdings besteht das Ziel nicht darin, Fähigkeiten im Sinne einer kapitalistischen Ideologie vorteilhafter einsetzen oder verwerten zu können. Es handelt sich nicht um Selbstoptimierung, sondern um eine Veränderung der Situation aller zum Besseren hin – und das geht immer vom Einzelnen aus, ein Kollektiv hat keinen Verbesserungsgedanken. Doch als Teil einer Gemeinschaft, in der andere Einzelne eigene Ideen und Interessen verfolgen, muss das Individuum seine Talente einsetzen, widerstreitende Wünsche integrieren oder übernehmen und Kompromisse schließen. Das ist aber nicht als Einschränkung anzusehen. Vielmehr wird die eigene, persönliche Idee angereichert. Am Ende profitieren alle vom Einsatz eines oder mehrerer Individuen. Es entsteht ein positiv verstandener Zirkel: vom Individuum zur Gemeinschaft und zurück.

aula macht dieses Prinzip erlebbar. Das Schöne daran ist unter anderem, dass es in diesem Prozess für jedes Kind eine Rolle gibt, die seinem Talent entspricht. Der Utopist kann kühne Ideen entwickeln, die Quirlige treibt Debatten voran, der Schlichter versöhnt verschiedene Standpunkte, die Skeptikerin deckt verborgene Probleme auf, der Schüchterne beobachtet die Einhaltung der Regeln, die Verantwortungsbewusste moderiert usw. Häufig sind es Talente, die im normalen Schulalltag nicht zum Tragen kommen, wo es vor allem darum geht, prüfungsrelevanten Stoff aufzunehmen. Ein Kind kann schlecht in Mathe sein (aus welchem Grund auch immer), aber es kann super gut darin sein, logisch die positiven oder negativen Konsequenzen eines Vorschlags abzuleiten. Ein Kind, das scheinbar ohne besondere Fähigkeiten immer irgendwie mitschwimmt, kann sich hervortun als begnadeter Rechercheur, der allen sein Wissen zur Verfügung stellt, um zur bestmöglichen Lösung zu kommen.

aula fördert das selbständige Lernen, indem Kinder ihre eigene Sache vertreten *und* indem sie anderen dabei helfen, *ihre* Sache zu vertreten. Das ist ein großartiger Vorgang, denn anders als fast immer sonst geht es darum, ein Gemeinschaftsergebnis zu erzielen. Ein Ergebnis, das alle betrifft, den einen vielleicht mehr als den anderen. Aber dennoch gilt für die ganze Klasse, dass eine Sache anders ist als vorher, und die haben sich alle gemeinsam, der eine mit mehr Einsatz als der andere, erarbeitet.

Diese Fähigkeit, für die eigenen Interessen einzustehen und die der anderen zu akzeptieren oder sogar zu fördern, ist unentbehrlich für den Fortbestand unserer Demokratie. Sie muss sich weiterentwickeln und wieder lebendiger werden – oder sie wird sterben. aula ermutigt und befähigt zur Teilhabe. aula stimuliert ganz grundlegende persönliche Eigenschaften, die nicht nur für die demokratische Gestaltung der Schule erforderlich sind, sondern für alle Bereiche des Lebens.

Neugierig sein

Wir machen uns meistens gar nicht klar, über welch großartigen Fundus an persönlichen Fähigkeiten wir verfügen, um mit der Welt in Kontakt zu treten. Eine ist zum Beispiel das Wahrnehmen. Es ist mehr, als lediglich zu registrieren, dass es Geräusche und Gerüche gibt. Es ist das Sich-in-Bezug-Setzen zu meiner Umwelt, das Anerkennen, dass es anderes gibt als mich selbst. Das klingt simpel, ist es aber keineswegs, denn dafür braucht es schon sehr früh ein gewisses Abstraktionsvermögen. Wahrzunehmen, was ist, geht jedem Gestaltungswillen voraus. Denn nur dann kann ich mir Fragen stellen wie: Welche Menschen existieren außer mir? Welche Regeln gibt es? Wem geht es gut? In welcher Welt lebe ich? Wo gibt es Probleme?

Sehr oft höre ich von Wirtschaftsverbänden, dass viele Auszubildende kaum in der Lage sind, selbständig Probleme zu identifizieren. Meiner Ansicht nach ist das auch eine Folge schulischen Lernens, bei dem Schüler sich überwiegend auf vorgegebenen Lösungspfaden bewegen. Sie schauen gar nicht mehr, ob es überhaupt ein Problem gibt. Das brauchen sie auch nicht zu tun. Das Problem ist ja schon da, genau definiert in der Aufgabenstellung, mehr oder weniger nah am Leben der Kinder konstruiert. Ein Problem aber in einem größeren Kontext zu erkennen – dafür braucht es Kriterien sowie die Bereitschaft, sich irritieren zu lassen.

Wahrnehmen und Beobachten sind eher passive Eigenschaften, Neugier verstehe ich demgegenüber als deutlich aktiver. Es ist die qualitative Steigerung des Wahrnehmens. Neugierig ist, wer aus eigenem Impuls etwas wissen will, was nicht offensichtlich ist, was hinter einer Fassade ist zum Beispiel oder welche Faktoren zur Entstehung eines Problems geführt haben. Neugierde ist aber nur möglich, wenn die Voraussetzungen stimmen. Manchmal denke ich, dass viele Menschen ihre angeborene Neugier verlernt haben oder sich nicht trauen, neugierig zu sein. Es sind verschiedene Gründe dafür denkbar. Möglicherweise haben sie schlechte Erfahrungen gemacht, vielleicht fürchten sie sich vor den Erkenntnissen, die die Neugier zutage fördern könnte. Vielleicht ist ihnen aber auch schlichtweg der Sinn dafür abhandengekommen, ab und zu mal ein bisschen nach links und rechts oder einfach in die Luft zu schauen.

Vor allem aber fehlt uns im Alltag oft schlicht die Zeit und die mentale Kapazität, neugierig zu sein. Nicht nur, weil Langeweile viel seltener geworden ist, seit ein riesiger Teil der Wirtschaft um unsere Aufmerksamkeit buhlt. Vielmehr gibt es jeden Tag einfach zu viel, an das wir denken müssen, was wir nicht vergessen dürfen, was wir für den Beruf neu erlernen müssen. Der »mental load« moderner Erwachsener ist an sich schon so hoch, dass wenig Ressourcen für offene, nicht zielorientierte Neugier verbleiben. Nach einem anstrengenden Arbeitstag will ich mich von gehirnlosem Content auf YouTube berieseln lassen. Manchmal erwische ich mich dabei, Videos wegzuklicken, die mir zu interessant erscheinen. Ich könnte dabei etwas Wertvolles lernen, ich müsste meinen Geist öffnen und es mir merken – aber das ist mir zu anstrengend. Also verschließe ich mich rechtzeitig und absichtlich der Neugier.

Noch mehr als ein Erwachsener muss ein Kind über genügend Ressourcen verfügen, um neugierig sein zu können. Ein Kind kann nur dann die Welt erforschen wollen, wenn es sich nicht in einem Kampf ums Überleben befindet. Kinderarmut, häusliche Gewalt, Sorgen um Nahestehende und ähnliche Probleme überlagern kindliche Neugier. Ein Kind braucht halbwegs stabile Verhältnisse und eine Umgebung, die seine Neugier fördert und befriedigt. In der Schule lernt es mitunter aber genau das Gegenteil, nämlich dass es sinnvoll ist, Neugier zu verlernen. Gestaltet die Lehrkraft den Unterricht etwa mit stark vorgegebenen Lösungswegen, dann wird besser benotet, wer keine neuen Wege ausprobiert. Dann sind phantasievolle

Umwege nicht erwünscht. Oder das Ausbrechen aus einem Schema. Aus meiner eigenen Schulzeit erinnere ich mich noch an richtig dicken Ärger, weil ich einmal in den Sommerferien im Mathebuch vorgearbeitet habe, also wirklich das ganze Buch bis zur letzten Seite. Es hat mir schlichtweg Spaß gemacht und so folgte eine Seite der anderen, bis Schluss war. Leider kam das bei meiner Lehrerin gar nicht gut an, und auch meine Mutter wurde ermahnt, solche Aktivitäten in Zukunft bei mir zu unterbinden. Vorarbeiten sei nicht üblich, nicht möglich, nicht sinnvoll, nicht erwünscht, nicht erlaubt. Das Problem bestand vor allem darin, dass mich die Lehrerin nicht mehr richtig mit den anderen Kindern vergleichen konnte, mein Vorgehen also die Notengebung verkomplizierte. Ich hatte das System gestört.

Natürlich verstehe ich auch die Lehrerin. Weil sie in einem System arbeitete, in dem ihr die Ressourcen fehlten, auf den individuellen Stand der Kinder einzugehen, war sie gezwungen, den Stand bei allen mehr oder weniger gleich zu halten. Und weil das so eine grundlegende Funktion von Schule ist, ist es schwierig, Neugier zu fördern und zu sagen: Einfach mal gucken, was da ist. Wenn die Lehrer nicht das durchnehmen, was später prüfungsrelevant ist, bekommen die Kinder eventuell schlechtere Noten, das wiederum mindert ihre Chancen auf gute Abschlüsse. Dieses Risiko möchten die Lehrer natürlich nicht eingehen. Sie sind also in einer sehr ungemütlichen Lage.

Neugier wird im Übrigen auch deshalb nicht belohnt, weil die Lernmotivation in der Schule hauptsächlich externalisiert ist. Die Schule ist in der Regel kein Raum, der primär dafür da ist, dass ich meine Neugier befriedigen darf. Vielmehr ist die

Schule ein Ort, an dem ich belohnt werde, wenn ich den geforderten Stoff lerne. Ich bekomme gute Noten, ich werde gelobt. Diese externe Motivation, dass ich eine Prüfung bestehen muss, dass ich eine gute Note bekommen kann, tötet die intrinsische Motivation. Meiner Meinung nach ist das ein fataler Mechanismus. Wir sehen, wie sich Sechsjährige auf die erste Klasse und aufs Lernen wirklich ehrlich freuen, sich in der fünften Klasse aber nur noch mit äußerster Mühe zur Schule schleppen. Es liegt nicht daran, dass junge Menschen so wenig Lust hätten, zu lernen. Es liegt eher daran, dass sie in manchen Lebensphasen einfach andere Dinge lernen wollen.

Wie kann die Wahrnehmung der Kinder gefördert werden? Im Falle von aula machen wir das in erster Linie mit Hilfe einer Beteiligungsplattform. aula wird an der Schule eingeführt, es gibt Einführungsveranstaltungen und es wird darüber gesprochen. Im Zuge dieser Einführung erstellen die Schüler eine Probeidee, um zu erleben, wie die Software funktioniert. Aber natürlich ermutigt sie das, auch eine echte Idee zu entwickeln. Das Erste, was sie tun sollen, ist also, sich umzuschauen und zu überlegen: Was könnte für meine Klasse besser sein? Was läuft nicht gut, könnte aber geändert werden? Das heißt, sie sind gezwungen, besser gesagt aufgefordert, ihre Schule, ihre Klasse, ihre Mitschüler bewusst wahrzunehmen, ihre eigenen Bedürfnisse zu erkennen. Plakativ ausgedrückt: Allein die Präsenz eines Werkzeugs, zum Beispiel eines Hammers, bringt mich dazu, nach Nägeln zu schauen.

Die Probeidee wird, wie später jede andere Idee auch, von einem Schüler selbst eingestellt. In der Einführungsphase gibt es allerdings eine Besonderheit, nämlich dass die Lehrer konkret dazu auffordern. Später sollen alle Impulse aus der Schülerschaft selbst kommen. Jeder *muss* eine Probeidee erstellen, niemand kann es nicht nicht machen. Allein diese Aufforderung führt dazu, dass die Schüler sich umschauen und überlegen: Was würde mir nützen, was meinem Freund, was meiner Gruppe, was meiner Klasse?

Hier beginnt die Reise einer Idee durch die Beteiligungsplattform: in der Wilde-Ideen-Phase mit einer kleinen, spontanen, oft unausgereiften Idee, die ein Kind einfach so drauflos geschrieben hat. Ausführliche Begründungen braucht es nicht, die Hemmschwelle, sich zu beteiligen soll ja möglichst niedrig sein. Die anderen können die Idee liken, also ein grundsätzliches Interesse bekunden, oder Verbesserungsvorschläge einreichen.

Die Kinder probieren sich aus, sie sind kreativ. Das ist cool, das ist gewünscht. Wenn andere diese Idee mögen und sagen, wir wollen darüber sprechen, wird aus einer Hahaha-Idee eine ernsthafte, die die vorgesehenen aula-Phasen durchläuft. Was positiv abgestimmt wird, darf auch umgesetzt werden. Der Killerroboter war in der Praxis schnell vom Tisch. Andernfalls wäre er wohl spätestens bei der Prüfung durch die Schulleitung vor der Abstimmung aufgehalten worden – wegen Unvereinbarkeit mit dem Vertrag.

Eine der für mich schönsten Ideen einer Probephase brachte ein Schüler an einer stark muslimisch geprägten Schule ein: »Ich schlage vor, dass wir einen Gebetsraum einrichten.« Mir ist nicht ganz klar, wie ernst er es wirklich meinte. Auf jeden Fall stieß der Vorschlag auf Resonanz. Andere unterstützten ihn: »Aber nur, wenn der Raum interkonfessionell ist. Ich bin Christ und will darin auch beten dürfen.« Es folgte ein weiterer Verbesserungsvorschlag: »Ich bin dafür, doch der Raum soll auch bitte für Kinder sein, die an nichts glauben, aber vielleicht meditieren oder einfach mal ihre Ruhe haben wollen.« Und so ging es hin und her und immer weiter. Sollen bestimmte Zeiten für die Konfessionen eingerichtet werden oder können Muslime und Christen gleichzeitig beten? Welche Gegenstände sollten oder dürften enthalten sein und welche nicht. Ich fand die Debatte außerordentlich interessant, ganz klar äußerte sich hier ein Bedürfnis vieler Schüler, das bis dahin nicht wahrgenommen worden war. In die Diskussion flossen verschiedene Voraussetzungen ein, die sehr konstruktiv verhandelt wurden. Und das alles schon in diesem Einführungsworkshop, in dem die Schülerinnen und Schüler lernen sollten, wie die Software funktioniert.

Kreativ sein

Wir verbinden Kreativität häufig mit der bildenden Kunst, insbesondere der Malerei. Aber Kreativität als menschliche Eigenschaft ist natürlich viel mehr und umfasst alle Aktivitäten, mit denen etwas Neues, Originelles entsteht. Daher ist auch die Entwicklung einer Idee eine kreative Handlung. Sich etwas vorzustellen, was noch nicht vorhanden ist – dazu gehören Phantasie, ein gewisser Gestaltungswille und sicher auch ein wenig Mut. Gerade bei älteren Schülern sind diese Eigenschaften häufig eingeschränkt: Sie sehen den weiten Raum ihrer Möglichkeiten nicht mehr. Wenn ich an eine Schule komme und frage: Was würdest du tun, wenn du die Freiheit hättest, eine utopische Schule zu gestalten? Du müsstest nicht auf das Geld achten oder irgendwelche Regeln einhalten. Du darfst alles machen, bau dir eine utopische Schule – dann werden manchmal sehr witzige Ideen eingebracht. Aber sehr viel öfter kommt: »Ich würde für mehr Klopapier auf den Toiletten sorgen.« Oder: »Ich würde was organisieren, damit die Toiletten sauber bleiben.«

Ich hatte es schon erwähnt, die Toiletten sind ein zentrales Thema für die Schüler. Es klingt absurd, aber es sind die einzigen Räume, in denen sie unbeobachtet sind und etwas verändern können, die einzigen, in denen sie sich selbst als wirksam erleben. Es sind sozusagen politische Orte. Dennoch ist es ein bisschen traurig, wenn wir das Universum der Möglichkeiten öffnen – zumindest als Gedankenübung – und dann schon am Ende des Flurs bei den Toiletten hängenbleiben. Doch ich muss die Kinder und Jugendlichen in Schutz nehmen. Diese Eingeschränktheit im Denken ist ja anerzogen, und sie hat für die Schüler eine sehr wichtige Funktion: Sie dient nämlich dazu, Frust zu vermeiden. Sie sollen nicht zu weit von dem vorgeschriebenen Pfad abweichen, also ist Toilettenpapier ein gutes, angemessenes Ziel. Selbst Jüngere sind heute schon so auf Noten, auf verwertbare Ergebnisse fokussiert, dass sie sich nicht gestatten, nach links oder rechts zu schauen und sich nicht überlegen, wie die Welt sein *könnte*. Sie stecken in einem gedanklichen Korsett. Und je mehr sie unter Druck sind, desto enger ist dieses Korsett. Je mehr sie denken: Ich brauche die Mathe-Note, ich brauche den NC, ich brauche mein Praktikum, desto weniger sind sie in der Lage, wilder zu denken.

Die Schüler machen sich notwendigerweise eine Effizienzhaltung zu eigen. Sie konzentrieren sich auf das Geforderte, und das möglichst energiesparend, weil sie ja außerdem noch etliche andere Sachen regeln müssen. Effizienz ist zwar oft eine nützliche Haltung, aber sie lässt eben keinen Raum mehr für Neben- und Umwege. Besser gesagt: Das ist genau das, was vermieden werden soll. Tragisch finde ich, dass sich diese Einstellung schon bei den Jüngsten so verfestigt hat. Es sind die weiterhin wirkenden Effekte des neoliberalen Weltbilds der 1970er- und 1980er-Jahre, das die Verwertbarkeit des Menschen und von allem, was er tut, in den Vordergrund stellt. Es ist das genaue Gegenteil des Liberalismus, der die Freiheit des Menschen, seine individuelle Entfaltung als das höchste Gut betrachtet. Wenn ich auf LinkedIn lese, wie sich viele junge Menschen darstellen, bin ich oft erschrocken, weil sie sich selbst mit perfekten, wirtschaftsbezogenen Eigenschaften anpreisen. Dass es auf ganz andere Dinge im Leben ankommt, und zwar auch im Berufsleben, spielt bei ihnen offenbar keine Rolle.

Ich empfinde es als den größten Hohn, dass »die« Wirtschaft meist gar nicht so erpicht auf das ist, was die jungen Erwachsenen von der Schule mitbringen, diese Gradlinigkeit, dieses in Mustern abrufbare, standardisierte Wissen. Viel mehr gefragt sind Problemlösungskompetenz, unorthodoxes Denken, Anpassungsfähigkeit an neue Situationen. Und ob ein Bewerber diese Fähigkeiten mitbringt, lesen die Personaler nicht an den Schulnoten ab, sondern prüfen sie in eigenen Tests. Das heißt: Dass Schüler auf gute Noten hinarbeiten, um ihre vermeintliche Verwertbarkeit für die Karriere zu beweisen, ist im Grunde sinnlos, weil die Empfänger diese Zeugnisse zu Recht für nicht aussagefähig halten.

In meiner eigenen Schulzeit habe ich mich dem Effizienzgedanken insofern unterworfen, als ich meine Hausaufgaben immer möglichst schnell und energiesparend erledigt habe. Auf die Qualität legte ich nicht so viel Wert, Hauptsache, ich kam schnell zu meiner Freizeit, in der ich nach Lust und Laune in Wikipedia gelesen habe. Natürlich ist das nicht zu verallgemeinern. Aber im Rückblick betrachtet finde ich es bezeichnend, dass ich als sehr neugieriges Kind versucht habe, das schulische Lernen möglichst schnell hinter mich zu bringen, damit ich endlich die Freiheit und die Zeit hatte, etwas wirklich Neues, Interessantes zu lernen.

Oft wird derzeit betont, MINT-Fächer, also Mathematik, Informatik, Naturwissenschaften und Technik, seien für die Wirtschaft von morgen das Allerwichtigste. Ich teile diese Überzeugung nicht. Natürlich sind Mathematik, Informatik und Naturwissenschaften wichtig. Aber wenn ich mich auf immer stärkere Automatisierung vorbereite, sollte ich doch selbst aus einem Verwertungsgedanken heraus bei Kindern vor allem die Eigenschaften stärken, die Maschinen nicht übernehmen werden. Maschinen können rechnen. Sie können viel Wissen speichern. Sie können jedoch nicht zielführend handeln. Sich keine alternative Welt vorstellen. Keine Probleme identifizieren und kreative Lösungen dafür finden. Dinge nicht in neuem Licht betrachten. Diese Fähigkeiten könnten für Berufe der Zukunft fast noch wichtiger sein als die Physikprüfung.

Die Beobachtung, dass die Kreativität der Schüler häufig verschüttet ist, mache nicht nur ich bei der Einführung von aula. Auch andere Initiativen, wie etwa Buddy e. V., eine Organisation, die für mehr Chancengerechtigkeit im Bildungswesen arbeitet, berichten davon. Es gilt also, die Kreativität erst freizuschaufeln, die Schüler daran zu erinnern, dass sie die Fähigkeit besitzen, kreativ zu sein. Buddy e. V. fordert gelegentlich dazu auf, alle Gerätschaften auf dem Spielplatz einzupacken, ein bisschen wie Christo. So erleben die Kinder, dass gewohnte Gegenstände ganz anders sein können, dass Dinge ihre Gestalt ändern, wenn man den Blick auf sie verändert. Auch wir von aula sind dazu übergegangen, vor einem eigentlichen Ideenaufruf erst einmal eine künstlerische Übung durchzuführen, um die Phantasie zu aktivieren. Es steckt unglaublich viel Kreativität in den Kindern und Jugendlichen, aber sie sind es kaum gewöhnt, ihr freien Raum zu lassen. Deshalb planen wir, während der Einführungsphase von aula demnächst Improvisationstheater als Übung anzubieten, damit die Schüler auch ihren Körper mehr einbeziehen können und wegkommen von der reinen Kopfkonzentration. Mit solchen Lockerungsaktivitäten wollen wir es den Kindern und Jugendlichen erleichtern, ihr gewohntes Korsett zu sprengen.

Nicht viel anders als den Schülern geht es übrigens den Lehrern. Auch sie stehen so unter Druck, dass sie keine oder zu wenig Freiheit haben, kreativ zu sein. Viele von denen, die sich um kreative Angebote bemühen, verwenden dafür ihre Freizeit. Wir haben in Deutschland wirklich sehr gute Lehrer, die sich ständig am Rande des Burnouts bewegen, weil sie Wert darauf legen, sowohl selbst kreativ zu sein als auch die Kreativität bei ihren Schülern zu fördern. Sie erbringen eine unendlich große, wertvolle Leistung, tun dies aber *trotz* des Systems anstatt mit und in ihm. Ich glaube, es ist quasi die Spiegelung des Schülerverhaltens. Die einen bringen schnell das Lernen hinter sich, damit sie selbständig etwas Interessantes erfahren können. Und die anderen bringen ihren Unterricht hinter sich, damit sie für die Kinder spannende Sachen entwickeln können.

Kreativität und Demokratie hängen eng zusammen. Wer sich nicht vorstellen kann, dass es »so, aber auch ganz anders geht«, bleibt stecken in den Verhältnissen, die er vorfindet. Eventuell passen sie für ihn, und es gibt daher gar keinen Handlungsbedarf. Aber vielleicht fühlt er sich unbehaglich, vielleicht erkennt er, dass die Bedingungen für andere schlecht sind. Dann braucht er Phantasie, um die Alternativen zu entdecken. Keine Erzählung engt so stark ein, erstickt alles bereits im Keim, wie die von der vermeintlichen Alternativlosigkeit. Es gibt immer Alternativen. Aber man muss sie suchen können. Der »Was wäre, wenn«-Blick ist wie ein Muskel, der trainiert werden will.

Aktiv werden

Ein wesentliches Ziel von aula besteht darin zu vermitteln, dass die Welt uns angeht, dass sie genau *mich* etwas angeht. Dass ich mich nicht darauf zurückziehen kann, zu sagen: »Ist halt so, kann man nichts machen.« Oder: »Die werden schon wissen, was sie tun.« Nein, es geht darum, Verantwortung zu übernehmen und zwar nicht nur gedanklich, sondern auch ganz praktisch. Mein Großvater sagte oft: »Wenn du dich nicht um die Politik kümmerst, kümmert sich die Politik irgendwann um dich.« Damit spielte er zwar auf die Spezialitäten des Lebens in der Sowjetunion und im Nationalsozialismus an, aber prinzipiell gilt der Satz auch hier und heute.

Viele Leute hadern damit, dass sie für irgendetwas verantwortlich sein sollen. Klar, das kann als belastend empfunden werden. Allerdings meine ich, dass das Gefühl, hilflos und ausgeliefert zu sein, noch viel belastender ist. Verantwortung wird oft nicht bewusst abgelehnt, sondern als eigene Einflusslosigkeit getarnt. Daraus kann dann eine Opferhaltung erwachsen. Normalerweise ist der Prozess des Erwachsenwerdens ein Fortschreiten von der völligen Hilflosigkeit im Säuglingsalter hin zu einer Selbständigkeit, in der man zunehmend nicht nur für sich, sondern auch für seine Mitmenschen Verantwortung übernimmt. Aber gerade wer in Familie, Schule oder im sonstigen Lebensumfeld wenig Kontrolle hat, entwickelt eine erlernte Hilflosigkeit und begreift sich selbst nicht nur als passiv, sondern gar als unfähig, Verantwortung zu übernehmen. Hinzu kommt der bereits erwähnte Labelling-Effekt: Menschen tendieren dazu, sich so zu verhalten, wie andere sie wahrnehmen. Wir streben sozusagen danach, Vorurteilen über uns zu entsprechen. Ich habe schon mit Lehrern zu tun gehabt, die mir über ihre Schüler gesagt haben: »Wissen Sie, Frau Weisband, wir sind ja schon ganz froh, wenn die Zehntklässler halbwegs Lesen und Schreiben können.« Wenn ich als Schüler so aufwachse und womöglich eine Familie habe, die diese Zuschreibung nicht korrigieren kann, dann fühle ich mich wertlos. Und dann erachte ich auch meine Umgebung und die Gesellschaft als wertlos. Warum dafür Verantwortung übernehmen?

Wenn wir bei der Einführung von aula das Thema Verantwortung aufbringen, ziehen sich manche auf den Standpunkt zurück: »Warum ich? Andere können es viel besser. Andere haben mehr Zeit, mehr Kapazitäten, mehr Erfahrung, mehr sonst was.« Ja, das kann sein. Doch hier ist es wichtig, nicht in der Abwehrreaktion steckenzubleiben, sie sollte besser der Auftakt eines Aushandelns sein: »Kann das hier jemand übernehmen? Ich habe gerade keine Kapazitäten.«

Es gibt Menschen, die sich sofort ducken, wenn diese Frage aufgeworfen wird. Und es gibt andere, die ohne zu zögern rufen: »Ja, ich kann das machen!« Es ist klar, dass wir niemals eine Beteiligung von hundert Prozent erreichen, aber mein Ziel besteht darin, die Grenze zwischen diesen beiden Gruppen zu verwischen oder besser gesagt: etwas durchlässiger zu machen. An den meisten Schulen gibt es Kinder und Jugendliche, die sowieso schon Tausende Dinge unternehmen, die in der Schülervertretung aktiv sind, sich bei der Organisation von Klassenfeten einbringen, ihren Mitschülern eine Matheregel erklären und sich auch außerhalb der Schule engagieren. Die melden sich dann auch noch, wenn es um die Moderatorenrolle im aula-Klassenraum geht. Sie fühlen sich halt verantwortlich und fragen sich: Wer, wenn nicht ich? Das ist großartig, diese Schüler ziehen Energie daraus, sich als verändernde Kraft wahrzunehmen, sie entfalten ihre Fähigkeiten und haben keine Hemmungen, sich einzubringen. Andere tun sich schwer damit, aktiv zu werden oder versuchen es erst gar nicht. Besonders auf diese Gruppe ziele ich mit aula ab. Ich senke die Aktivitätsschwelle so weit wie möglich herab. Es kostet sie so gut wie keine Energie, auf der Onlineplattform einen Like zu platzieren. Das tun sie bei anderen Plattformen auch, das können sie gut. Es ist der Einstieg in die Beteiligung.

Ein bisschen mehr Einsatz ist erforderlich, wenn sich jemand äußern will, also unter Umständen einen Verbesserungsvorschlag unterbreitet. Verbesserungsvorschläge sind im Prinzip Kommentare zu einer Idee, die aber immer mit dem gedachten Satz beginnen: »Ich stimme deiner Idee zu, aber nur, wenn …« Sie sind eine Übung in konstruktivem Feedback. Doch selbst das kostet nicht unbedingt mehr als ein oder zwei Sätze. Der Vorteil der aula-Plattform besteht darin, dass alle auf sehr kleiner Flamme anfangen – und wer gar nicht auf den Geschmack kommt, auch genau auf diesem Niveau bleiben kann. Der Vorteil von Onlineplattformen ist, dass sie ein Instrument sind, mit dem sich jeder äußern kann, ohne sich zu sehr zu exponieren. Das ist insbesondere auch in der Zeit der Pubertät ein nicht zu unterschätzender Vorteil. Das Peinlichkeitsempfinden der Jugendlichen ist in dieser Lebensphase stark ausgeprägt und äußert sich an den seltsamsten Stellen. Auf der aula-Plattform kann sich zwar niemand anonym bewegen, aber es ist möglich, sparsam und in Ruhe, zum Beispiel von zu Hause aus, seine Ansicht beizutragen. Das ist für viele Kinder eine große Erleichterung.

aula lädt also dazu ein, sich zu äußern und Verantwortung zu übernehmen. Aber ebenso wird vermittelt, dass sich nicht jeder um alles kümmern kann, jedenfalls nicht gleich intensiv. Es gilt, mit den eigenen Kräften hauszuhalten, Prioritäten zu setzen und sich nicht zu verzetteln. Die Kinder lernen, sich Fragen zu stellen: Was ist mir wichtig? Was ist möglicherweise langfristig ein Thema für mich? Und was mache ich mit den anderen Projekten, um die ich mich nicht kümmern kann? Wer von meinen Freunden hat vielleicht Interesse? Wer beschäftigt sich bereits damit? Welche Möglichkeiten sich hier anbieten, etwa die Stimmrechtsübertragung, erläutere ich später noch. Hier geht es zunächst nur darum zu zeigen, dass aula einerseits die Verantwortlichkeit aktiviert, andererseits aber dazu beiträgt, Bewertungen vorzunehmen und das Priorisieren zu lernen. Eine äußerst wichtige Fähigkeit, die übrigens auch in der Wirtschaft sehr geschätzt wird.

Ab und zu erzähle ich in der Einführungsveranstaltung von einer Episode mit dem Pianisten Igor Levit. Ich konnte ihn vor einiger Zeit für den Podcast »Überstunde« von ThePioneer.de interviewen. Als ich ihn fragte, warum er sich trotz seiner anspruchsvollen Karriere so stark politisch engagiere, antwortete er mit einem Vergleich: »Pass auf, hier in meinem Zimmer steht der Flügel. Hörst du ihn? Nein, natürlich nicht. Da kann man nichts hören. Bis ich hingehe und eine Taste anschlage. Erst dann kommt ein Ton zustande. Und erst dann hörst du etwas.« Und genauso ist es mit der Verantwortung und dem Aktivwerden. Wenn ich nichts unternehme, passiert nichts. Jedenfalls nicht das, was ich beitragen kann, und zwar genau ich.

Position beziehen

Aktiv zu werden ist im Grunde die stärkste Veränderung, die die Kinder erleben. Es findet ein Rollenwechsel statt. Sie verwandeln sich von Konsumenten zu Gestaltern. Das ist ein großer Schritt. Man kann sich den Effekt gar nicht groß genug vorstellen. Er stellt allerdings auch hohe Anforderungen. Am Anfang steht die Notwendigkeit, mir darüber klar zu werden, was ich eigentlich will, was mir an der Idee eines anderen Kindes gefällt oder – noch anspruchsvoller – was ich selbst will. Ich muss also einen Standpunkt entwickeln. Es ist eine Übungsfrage, sich selbst zu erforschen und die eigenen Neigungen oder Abneigungen zu identifizieren. Und sie dann auch noch zu formulieren und zwar so, dass ein anderer damit etwas anfangen kann. Das ist uns aus dem eigenen Erwachsenenalltag geläufig. Wie oft begegnen wir Menschen, denen es schwerfällt, sich zu positionieren, die sich um eine klare Aussage herumschlängeln und Wortwolken produzieren, bis wir schließlich genervt fragen: »Was willst du eigentlich?«

Eine nachvollziehbare Frage, die allerdings oft unbeantwortet bleibt. Entweder weil das Gegenüber nicht in der Lage ist, seine eigenen Bedürfnisse zu identifizieren, oder wenn doch, sich schlichtweg nicht traut, sie öffentlich zu formulieren.

Position zu beziehen will gelernt sein. Es ist etwas anderes, als einfach seinen Impulsen freien Lauf zu lassen. Letztlich beruht jeder Standpunkt auf einer emotionalen Basis, doch die ist nur vermittelbar, wenn ich halbwegs rational begründen kann, warum ich dieser oder jener Ansicht bin. Und zwar in aller Öffentlichkeit. Wie kann das gelernt werden? Durch Spielen zum Beispiel. Improvisation und Rollenspiele sind ideal, um zu üben, bewusst einen Standpunkt (hier eben eine Rolle) einzunehmen. Man tritt aus sich heraus, ist jemand anderer, kann die eigenen tatsächlichen oder lediglich empfundenen Mängel vergessen. Stattdessen ist es möglich, bislang gänzlich unbekannte Fähigkeiten zu entdecken oder die Seiten zu betonen, die normalerweise eher unterdrückt bleiben. Im Rollenspiel kann jeder von uns eine verschlagene Hexe sein, ein todesmutiger Drachenjäger, eine liebliche Fee, ein Diktator, der kalt, aggressiv und rücksichtlos ist. Es ist ein super Training, um den eigenen Gefühlen auf die Spur zu kommen und ihnen Ausdruck zu verleihen – selbst wenn diese Gefühle zunächst nur vorgestellt sind.

Der Vorteil von Rollenspielen besteht darin, dass jeder sein kann, was und wie er will, ohne Konsequenzen befürchten zu müssen. Eine Diktatorin ist eben rücksichtslos, sonst wäre sie ja keine. Nun geht es bei aula aber nicht darum, ungehemmt negative Eigenschaften zum Besten zu geben. Doch das (Rollen-)Spielen offenbart, was noch alles in einem steckt. Das eigene Repertoire wird erweitert – und zwar ganz bewusst.

Eine tolle Erfindung, dieses Spielen! Ich selbst habe ungemein davon profitiert, eigentlich sind auch heute alle meine öffentlichen Auftritte »Rollenspiele«. Denn ich bin im Grunde ein äußerst zurückhaltender Mensch. Aber in meiner Rolle als die öffentliche Marina Weisband kann ich diese Scheu abstreifen. Meine Initialzündung war ein Auftritt in der sechsten Klasse bei einem Theaterstück. Ich musste als Ersatz einspringen und eine Art Ronja Räubertochter darstellen, dabei war ich das ängstlichste und schüchternste Mädchen der ganzen Klasse. Die Figur und ich waren die unwahrscheinlichste Kombination von allen. Doch auf der Bühne verwandelte ich mich in dieses aggressive Mädchen, das ihre Gegner mit der Schulter wegrempelte. Zum ersten Mal erlebte ich, dass ich Kraft hatte, dass ich mutig einem Stärkeren begegnete. Ohne eine Rolle zu spielen kann ich das bis heute nicht, aber ich weiß, dass es mir prinzipiell möglich wäre. Und dieses Wissen macht den Unterschied.

Kinder spielen von Natur aus, in der Schule gibt es allerdings kaum Gelegenheit dafür. aula ist zwar auch kein Spiel, aber insbesondere in der Einführungsphase ermutigen wir die Kinder und Jugendlichen, ihrer Phantasie freien Lauf zu lassen und auch dazu zu stehen. Sie können die wildesten Ideen auf der Plattform einstellen, ohne Konsequenzen fürchten zu müssen. Weder erhalten sie eine schlechte Note noch hässliche Kommentare für ihren Beitrag. Schließlich lautet die eiserne Regel: Kritik muss konstruktiv und als Verbesserungsvorschlag erfolgen. Diese Umgangs- und Verhaltensregeln vermitteln Sicherheit. Deshalb schaffen es auch alle Kinder und Jugendlichen, die in der Einführungsphase obligatorische Idee einzustellen. Die klaren Regeln machen es ihnen leichter, sich aus ihrer Ecke herauszuwagen und ihre Idee in diesem geschützten Raum zu platzieren. Sie beziehen Position, und zwar für ihre ureigensten Interessen. Die oben schon erwähnte Idee, einen Gebetsraum einzurichten, wurde in der Probephase eingebracht. Vorher war das nie ein Thema gewesen und nun erhielt die Idee dieses Jugendlichen nicht nur ein Forum, sondern sogar Zustimmung.

Spielen ist auch für uns Erwachsene ein sehr wertvolles Instrument – wir entdecken uns und ebenso andere Welten. Hypothetisch sind wir für eine kurze Zeit jemand anderes. Und wir müssen uns noch nicht einmal auf diese Rolle festlegen, nächstes Mal fällt die Wahl auf eine andere. Ich bedauere sehr, dass wir nicht viel mehr spielen. Zu Karneval schlüpfen wir mal in ein fremdes Kostüm, aber es gäbe sicher noch viele andere Möglichkeiten als nur den terminlich festgelegten, organisierten Frohsinn. Spielen würde uns im Denken und Handeln leichter machen, geschmeidiger und außerdem einen Riesenspaß bereiten.

Johan Huizinga, der große niederländische Historiker, hat den Ursprung der Kultur im Homo ludens erkannt, im spielenden Menschen. Er nimmt neben dem Homo faber, dem schaffenden Menschen, und dem Homo sapiens, dem denkenden, einen festen Platz ein.[3] Ich glaube, diese Erkenntnis ist ein bisschen in Vergessenheit geraten. Höchste Zeit, dass wir uns daran erinnern.

---

3 Johan Huizinga: *Homo Ludens. Vom Ursprung der Kultur im Spiel*, Reinbek bei Hamburg 1956

Vertrauen haben

Unterschätzt wird häufig, wie wichtig Vertrauen für jede Art von Beziehung ist. Damit meine ich nicht nur private Verbindungen, sondern alle Arten von »Begegnungen«. Eine Voraussetzung: Man muss in der Lage sein, sich selbst zu vertrauen, sich etwas zuzutrauen, und von der eigenen Stärke überzeugt zu sein. Wer ständig in Angst lebt und misstrauisch ist, kann sich kaum auf jemand anderen zubewegen, geschweige denn sich selbst begegnen. Das Sicherheitsbedürfnis steht über allem, der eigene Radius ist eingeschränkt, die Entscheidungen sind nicht frei. Gerade für junge Menschen, die noch auf der Suche nach ihrem Platz in der Welt sind, ist Vertrauen ein wichtiger Baustein ihres Lebens. Sie müssen die Erfahrung machen, dass es lohnenswert ist, sich und anderen zu vertrauen, dass es keine sinnlose Vergeudung von emotionalen Ressourcen ist, einen »Vorschuss« an Zutrauen zu leisten. Die Grundlagen für diese Sicherheit werden außerhalb der Schule gelegt, aber in der Schule werden sie gebraucht und ausgeweitet. Wenn Vertrauen enttäuscht wird, etwa durch ungerechte Notengebung oder erniedrigende Behandlung, kann das gravierende Folgen haben. Zum Beispiel die Schlussfolgerung, dass die Regeln, wenn sie von anderen nicht eingehalten werden, für einen selbst auch nicht gelten.

aula berührt verschiedene Vertrauenspunkte, bei denen Macht übertragen wird, zum Beispiel von der Schulkonferenz an die Schüler und von den Schülern an ihre Klassenkameraden. Das sind starke Aktionen, wenn man sie nicht gewöhnt ist. In der Schulkonferenz, in der Schüler, Lehrer und Elternschaft vertreten sind, müssen die Lehrer und die Eltern sich dazu durchringen, einen Teil ihrer Befugnisse abzutreten.

Allein die Forderung der Schüler, beispielsweise die Hausordnung ändern zu dürfen, löst bei den bisherigen »Machthabern« schon Besorgnis aus. Was werden sie tun? Wird das Chaos ausbrechen, wenn wir die Kontrolle abgeben? Es ist der Moment, in dem es gilt, Farbe zu bekennen: Haben wir jahrelang versucht, den Kindern etwas beizubringen und Vorbilder für sie zu sein, und trauen ihnen jetzt doch nichts zu? Was könnten sie planen, das gefährlich oder schädlich ist? Aber könnten wir nicht im Dialog klären, ob es noch andere Optionen gibt? Was könnte passieren, das wir nicht irgendwie in den Griff bekämen? Die Lehrer müssen also darauf bauen, dass das Vertrauen, das sie in ihre eigene Arbeit haben, gerechtfertigt ist. Vielleicht zögert der ein oder andere, sich diese Frage ernsthaft zu stellen – und hofft zugleich, dass aula eine positive Antwort geben wird.

Problematisch wird es, wenn es zu einer unentschiedenen Haltung kommt, wenn also Vertrauen da ist, aber doch nicht so ganz. Ich erlebe das zum Beispiel an Schulen, die aula zwar einführen wollen, aber nicht komplett. Dann heißt es beispielsweise, dass nur zehn Klassen mitmachen können. Das sind dann entweder »gut funktionierende« Klassen oder solche, die von sehr engagierten Lehrern geleitet werden. Es ist besser als nichts, sage ich mir, aber eigentlich lassen sich die Chancen von aula nicht richtig nutzen, wenn nur ein Teil der Schule mitmachen darf. Entscheidungen, die die gesamte Schule betreffen, können ja nicht von einem Ausschnitt der Schülerschaft bestimmt werden. Also scheidet alles aus, was zum Beispiel mit Schulhof oder Hausordnung zu tun hat. Wenn eine Klasse lediglich darüber entscheidet, ob sie einen grünen oder einen roten Stoffbären als Klassenmaskottchen anschaffen soll, dann ist das schon für die Parallelklasse nicht mehr besonders wichtig. Insofern führt dieses Misstrauen oder Halbvertrauen der Schulleitung dazu, dass aula tatsächlich nicht so gut funktioniert, wie es könnte.

Schüler haben nicht immer Zeit oder Interesse, sich an einer aula-Abstimmung zu beteiligen. Sie sind mit anderen Dingen beschäftigt, die ihnen wichtiger sind, oder sie haben schlichtweg keine Lust, sich mit den Einzelheiten der zur Abstimmung stehenden Idee zu befassen. Nun gibt es zwei Möglichkeiten: Entweder machen sie nichts und lassen das Ereignis an sich vorbeiziehen oder sie erkennen die prinzipielle Bedeutung des Projekts an und übertragen daher ihre Stimme an einen Klassenkameraden. aula sieht diese Möglichkeit vor. In der analogen aula-Stunde, die regelmäßig stattfindet, kann das besprochen werden. Wir empfehlen intensiv, das zu tun. Denn die Stimmenübertragung bietet zahlreiche Anknüpfungspunkte, um über direkte und repräsentative Demokratie zu sprechen. Man kann zum Beispiel noch mal an das Postulat erinnern, sich verantwortlich für das zu fühlen, was in der eigenen Gemeinschaft und vielleicht auch darüber hinaus passiert. Und an das Problem, dass sich niemand für alles gleichermaßen einsetzen kann, weil es ihn sonst zerreißt. Es ist einfach nicht möglich, so viel Kraft aufzubringen. Es ist nicht möglich, an allen Fronten zu kämpfen, aber zum Glück ist das auch nicht nötig, weil es noch andere Menschen auf der Welt gibt. Ich weiß zum Beispiel, dass es Klimaschützer gibt, die sich intensiv mit den Möglichkeiten beschäftigen, die Erderwärmung zu verlangsamen, und dafür kämpfen. Ich kann ihnen also dieses Feld überlassen, obwohl Klimaschutz auch mir sehr wichtig ist, und mich um anderes kümmern, etwa um Bildungspolitik und Demokratie. Eine solche Aufteilung können Schüler sehr gut nachvollziehen.

Das große Thema einer solchen aula-Stunde können die Grundlagen der Entscheidungsfindung sein. Warum hast du ihm deine Stimme übertragen? Wenn die Antwort lautet: »Er hat mir Gummibärchen gegeben.«, oder: »Er ist halt cool.«, oder: »Alle geben dem ihre Stimme.«, dann bietet sich die Gelegenheit wunderbar an, in die Erkundung demokratischer Kriterien einzusteigen. Die Klasse lernt nachzuvollziehen, wie Entscheidungen entstehen, welche Gefühle und welche sozialen Mechanismen uns beeinflussen. Es lässt sich sehr gut darüber debattieren, ob Gründe sachlich gerechtfertigt sind oder rein intuitiv entstehen. Und sind Letztere automatisch schlechter? Nein, sind sie nicht, Emotionen gehören ja zu unserem Wahrnehmungs- und Entscheidungsapparat. Wir sollten uns ihrer nur bewusst werden.

Es könnte natürlich sein, dass jemand, der das eigene Stimmrecht, wenn schon nicht für ein Linsengericht, so doch für ein paar Gummibärchen verkauft, einen Image-Nachteil in Kauf nehmen muss. Das beurteilen die Mitschüler selbst. Lehrkräfte können aber auf jeden Fall gut das Gespräch darüber initiieren, welche Folgen es für eine Demokratie hat, wenn Wahlen auf Bestechung beruhen. Wer wird denn dann wohl an die Macht kommen? Es werden doch wahrscheinlich die Reichsten sein. Wessen Interessen vertreten sie voraussichtlich? Die der Reichsten. Und gehört ihr dazu? Nein. Ist es also eine gute Strategie, eure Stimme zu verkaufen? Nein.

Wir haben versucht, im aula-System so viele Gelegenheiten wie möglich einzubauen, die Aufhänger für solche Diskussionen über das Entstehen und die Konsequenzen bestimmter

Entscheidungen bieten. Wir alle lernen ja nur, indem wir solche Dinge selbst erleben. Die wenigsten von uns sind in der Lage, jemanden zu bestechen oder sich bestechen zu lassen, dafür haben wir einfach nicht genug anzubieten. Aber wie sehr lasse ich mich vom Ansehen oder der Popularität eines Vertreters beeinflussen? Wie sehr von meinen Antipathien? Welche Faktoren beziehe ich überhaupt in meine Entscheidung ein? Das muss ich als Schüler erst mal erkunden. Meistens entscheide ich direkt, und manchmal denke ich danach noch über die Gründe nach. Aber nicht immer. Und so geht es auch vielen Erwachsenen. In der Regel machen wir uns nicht klar, warum wir so oder anders entscheiden. Für demokratisches Handeln, für jedes Handeln wäre das aber ein sehr wichtiges Element.

Unterschiede erkennen

Theoretisch wissen wir es, in der Realität sind wir oft überrascht: Die Menschen wollen nicht dasselbe, sondern verschiedene Dinge. Besonders schwer fällt es, diese Tatsache zu akzeptieren und damit umzugehen, wenn wir überzeugt davon sind, dass die eigene Idee die Wünsche aller trifft, weil »die Vorteile doch auf der Hand liegen«. Ja, schon. Aber halt nur auf der eigenen. Es ist gar nicht so einfach, sich bei einer Idee, die alle betrifft, möglichst schon im Vorhinein Gedanken zu machen, ob die eigene Vorstellung tatsächlich verallgemeinerbar ist. Wir leben mit Verallgemeinerungen, anderenfalls kämen wir im Alltag nicht zurecht. Wenn ich jedes Mal überlegen müsste, was ich da vor mir habe, wenn ich ein Ding mit vier Beinen und einer Rückenlehne sehe, käme ich keinen Schritt voran. Ich erkenne, dass es ein Stuhl ist, weil es bestimmte

Merkmale aufweist, die alle Stühle haben. Gleichzeitig weiß ich, dass es verschiedene Stühle gibt, solche aus Holz, aus Kunststoff, aus einer Kombination von beidem, gepolsterte usw. Es ist also sinnvoll, eine Idee auf ihre Verallgemeinerbarkeit zu prüfen.

Spielen wir das einmal durch. Wenn ein Schüler beispielsweise überlegt, ob ein Klassenhamster eine gute Idee ist und Beifall finden könnte, geht er erst mal davon aus, dass alle anderen seine Argumente nachvollziehen können. Ein Hamster ist klein genug, um im Klassenzimmer oder im Schulgarten gehalten werden zu können. Er ist süß, er ist ungefährlich, leicht zu pflegen, muss nicht ausgeführt werden, ist weder teuer in der Anschaffung noch im Unterhalt. Das sieht doch jeder so, oder? Prinzipiell ja, aber nun stellt sich am konkreten Fall heraus, dass die Allgemeinheit in sich differenziert ist. Es ist keine homogene Gruppe. Sobald zwei Menschen beteiligt sind, entsteht Verschiedenheit. Trotzdem ist es, wie gesagt, notwendig, in Strukturen und Kategorien zu denken. So stellt sich heraus: Manche Kinder haben schon zu Hause einen Hamster, sie brauchen keinen zweiten, an dem sie maximal ein Dreißigstel Anteil hätten. Andere halten ein nachtaktives Tier für eine ungünstige Idee. Wieder andere führen den Tierschutz ins Feld und lehnen es ab, ein Tier in Gefangenschaft zu halten.

Die Superidee eines Klassenhamsters, die in den Augen des Initiators hundertprozentig toll war, verliert also nach und nach an Überzeugungskraft. Doch über alles kann gesprochen werden. Und genau das geschieht auch in der Box. Einige Gegenargumente lassen sich entkräften, andere kompensieren. Für die Verwirklichung der Idee müssen an ein oder zwei Stellen noch gute Lösungen gefunden werden, aber auch da kann man zuversichtlich sein. Also gut gelernt: Eine individuelle Idee lässt sich für die Allgemeinheit passend machen.

Doch dann kommt ein neues Argument: »Ich bin für die Anschaffung eines Tiers, wenn es etwas anderes ist als ein Hamster. Weil ich allergisch auf Hamster reagiere.« Dieser Einwand hat eine ganz andere Qualität als die bisherigen Beiträge. Hier geht es nicht mehr um unterschiedliche Akzente oder Meinungen, die harmonisiert werden sollen. Hier geht es um die Substanz, in diesem Fall um die Gesundheit eines Mitschülers. Was jetzt? Wenn dieser Mitschüler die Klasse nicht mehr betreten kann, weil 29 andere einen Hamster angeschafft haben, gibt es ein Problem, und zwar ein großes. Soll dieser eine Schüler draußen bleiben, vielleicht die Klasse wechseln, damit die anderen ihren Hamster bekommen? Das ist ausgeschlossen. Wenn einer einen solch gravierenden Nachteil erleidet, kann die Idee nicht durchgesetzt werden, auch wenn sie eine Mehrheit fände.

An dieser Stelle lernt die Klasse, was Minderheitenschutz ist. Das ist ein zentrales demokratisches Prinzip, das selbst Erwachsenen in seiner Bedeutung manchmal nicht ganz klar ist. Es geht nicht in jedem Fall darum, eine Mehrheit zu bilden, die dann ihre Wünsche durchsetzen kann. Wir stimmen nicht ab, wenn die Minderheit einen Schaden davon hätte, selbst wenn wir x-mal mehr Stimmen zusammenbrächten. Wir können nicht alles machen, weil wir Rücksicht nehmen. Oft lässt sich zwischen widerstreitenden Wünschen ein Kompromiss finden, manchmal aber leider nicht. Es gibt nicht immer einen Mittelweg. Hamster oder kein Hamster ist eine Alternative, aber nicht kombinierbar. Wenn ein Gut höher als das andere wiegt, zum Beispiel eben die Unversehrtheit an Leib und Seele gegenüber einem, das existenziell nicht so bedeutend ist, dann ist das nicht verhandelbar.

Formal gesehen handelt es sich um eine gescheiterte Idee. Aber inhaltlich ist es ein fabelhafter Erfolg. Der Lerneffekt ist enorm. Die Klasse, in der solche Ergebnisse erzielt werden, weiß nun, was demokratisches Handeln bedeutet. Und kann damit beginnen, ein neues Verfahren in Gang zu setzen, in dem der Minderheitenschutz von vornherein einbezogen wird.

Keine Angst vor Komplexität

Im vorigen Kapitel ging es um das Aktivwerden, das Handeln. Dem liegt aber das Denken zugrunde, oder zumindest sollte es das tun. Es klingt selbstverständlich, Denken ist aber eine anspruchsvolle Aufgabe, insbesondere wenn es sich um gesellschaftliche Zusammenhänge, die Durchdringung der Verhältnisse und ihre Beurteilung handelt. Genau darum geht es bei den Projekten im aula-Prozess. Und das Denken üben wir gemeinsam.

Komplexität schätzen lernen

»Das Leben ist aber wirklich kompliziert«, so lautet ein häufig gehörter Seufzer. Ich würde eher sagen: Es ist komplex. Das ist keine bewertende Äußerung, sondern einfach eine Beschreibung. Fast nichts hat eine eindimensionale Entstehungsgeschichte, sondern ist das Ergebnis vieler verschiedener Einflussfaktoren. Und dieses Ergebnis ist nicht einmal fix. Es kann sich verwandeln, kaum dass ich es verstanden habe. Dazu kommt: Ich selbst verändere mich ja auch, meine Auffassungsgabe, meine Einstellung, mein Urteil sind im Fluss. Das macht sich mal mehr, mal weniger stark bemerkbar, aber grundsätzlich können wir wohl davon ausgehen, dass wir, je mehr Begegnungen wir erlebt und je mehr verschiedene Erfahrungen wir gemacht haben, desto eher bereit sind, bestimmte Dinge immer wieder anders einzuschätzen und ihre Komplexität zu würdigen.

Nun ist es meistens nicht möglich, dass wir ein paar Jahre ins Land gehen lassen, ehe wir uns eine Meinung bilden oder eine Entscheidung treffen. Meistens muss es schnell gehen, manchmal stehen wir sogar unter Druck. Das ist eine ungünstige Situation. Druck und Komplexität vertragen sich schlecht. Wer in Bedrängnis ist, neigt intuitiv zu starken Vereinfachungen, um die Komplexität zu verringern; denn nur so glaubt der Betroffene, sich zu einem Standpunkt durchringen zu können. Dieses intuitive Denken erlangt in einer solchen Situation mehr Einfluss, als wir ihm zubilligen sollten. Statistische Wahrscheinlichkeiten oder auch nur allgemeine Plausibilität werden nicht mehr so berücksichtigt wie sonst. Daniel Kahneman, Psychologe und Nobelpreisträger für Wirtschaftswissenschaften, hat die Bedingungen, unter denen Menschen zu einem Urteil kommen, intensiv untersucht und unter anderen in seinem Buch *Schnelles Denken, langsames Denken*[4] dargestellt.

Ich bin ein Fan von Kahneman und speziell von diesem Werk, weil es den Prozess der Entscheidungsfindung so gründlich beleuchtet und weil er darin einen ganz neuen, tatsächlich komplexeren Ansatz entwickelt. Bis zu Kahneman gingen insbesondere die Sozialwissenschaften davon aus, dass sich Menschen normalerweise rational verhalten, gewissermaßen »ökonomisch«, wenn sie Entscheidungen treffen. Erst Emotionen wie Angst oder Wut würden dazu führen, dass sie anfangen, irrational zu handeln. Kahneman aber arbeitet heraus, dass nicht (nur) die Emotionen das Denken verfälschen, sondern es auch systematische Fehler und Verzerrungen im Denken gibt. Insbesondere, aber nicht nur wenn wir unter Druck sind, wenden wir Heuristiken an. Damit sind Methoden gemeint, die wir intuitiv einsetzen, um schnell zu einer wahrscheinlichen Lösung zu gelangen oder zu einer mutmaßenden Schlussfol-

4 Daniel Kahneman: *Schnelles Denken, langsames Denken*, München 2012

gerung. Versuch und Irrtum gehören beispielsweise zu diesen Methoden, Verallgemeinerungen oder die Anwendung von Faustregeln. Das kann manchmal tatsächlich zu richtigen Ergebnissen führen, ist dann aber eher Zufall als rational gewonnene Erkenntnis. Die Zuverlässigkeit eines solchen Verfahrens ist insgesamt gering.

Wenn es um viel geht, werde ich zum Beispiel abergläubisch. Ich weiß, dass auf Holz klopfen rein gar nichts bringt, wenn es um die Gesundheit meines Kindes geht. Aber da der hohe Wert meiner Sorge einen Druck erzeugt, weicht mein Gehirn auf eingefahrene alte Muster aus.

Außerdem beeinflusst die Verfügbarkeit von Informationen unsere Einschätzung. Wird beispielsweise permanent über ein bestimmtes Problem in den Medien berichtet, etwa Einbrüche in Wohnungen älterer Menschen, entsteht leicht der Eindruck, dass diese kriminellen Akte einen großen Umfang angenommen haben, dass sie die Mehrzahl der Verbrechen oder zumindest der Eigentumsdelikte darstellen. Was aber in der Realität nicht der Fall ist und worauf wir, wenn wir uns die Plausibilitätsfrage stellen, auch leicht selbst kommen könnten. Oft zweifeln wir aber nicht an der Relevanz der Darstellung, und so beeinflusst diese verzerrte Wahrnehmung massiv unsere Einschätzung der allgemeinen Sicherheit und in der Folge beispielsweise die Beurteilung von Gesetzesvorhaben.

Wenn wir vor einer Frage oder einem Problem stehen, verhalten wir uns oft intuitiv, wogegen prinzipiell nichts zu sagen ist, sofern die Intuition auf angemessene Informationen zurückgreifen kann, die in unserem Gehirn abgespeichert sind. Fachleute etwa brauchen nicht lange zu überlegen, um ein Vorkommnis aus ihrem Gebiet einzuschätzen. Wir sind aber in vielen Bereichen keine Experten, und wir verfügen auch nicht immer über Informationen zu dem gerade aktuellen Thema. Trotzdem reagieren wir oft sofort, nämlich intuitiv mit einer Antwort oder einer Lösung. Kahneman sagt, dass wir in solchen Fällen die komplexe Ausgangsfrage durch eine leichtere ersetzen – allerdings ohne es zu merken. Auf diese einfachere Frage können wir reagieren und eine Antwort produzieren, es erleichtert uns und verschafft Befriedigung, weil der Fall gelöst ist. Das ist schön und gut für das Wohlbefinden im Moment, leider jedoch keine adäquate Lösung für das tatsächliche Problem. Das besteht ja immer noch. Nur indem wir für uns den Zugang vereinfacht haben, hat es sich ja nicht substanziell verändert.

Kahnemann nennt diese Reaktion »schnelles Denken«. Schnelles Denken ist nicht per se schlecht, etwa wenn wir tatsächlich als Experte auf zuverlässiges, gelerntes Wissen zurückgreifen können oder wenn wir Automatismen des Erkennens anwenden, beispielsweise einen Gegenstand als Stuhl identifizieren können, ohne darüber nachdenken und die Kriterien für »Stuhl« aufrufen und anwenden zu müssen. Schnelles Denken ist ein sehr gutes, nützliches Instrument für die Bewältigung vieler Situationen. Aber es wird eben problematisch, wenn wir dieses Denken bei komplexen Fragestellungen einsetzen, besser gesagt zulassen. Dann nämlich ist »langsames Denken« gefordert. Es ist die weitaus anstrengendere Variante der beiden Denkarten. Weil sie Zweifel kultiviert, Detailfragen klären will, verschiedene Standpunkte berücksichtigt und eben nicht die schnelle Befriedigung verschafft.

Die Mehrheit von uns wiegt sich in dem Glauben, überwiegend das langsame Denken anzuwenden. Wir sind überzeugt davon, dass wir logisch vorgehen, Entscheidungen rational treffen und das eigene Denken unter Kontrolle haben. Die brutale Wahrheit lautet jedoch: Das ist ein Irrglaube. Wir machen es uns gern leicht, wir sind ressourcensparende Wesen. Warum sich plagen und Energie vergeuden, wenn es auch einfacher geht? Insbesondere wenn wir unter Druck stehen, gerät das langsame, aufwendige Denken unter die Räder. Je stärker mein innerer Stress ist, desto geringer ist meine Fähigkeit, Komplexität auszuhalten, und desto eher setzt der schnelle Denkprozess ein. Schnelles Denken bedeutet immer Vereinfachung und direkte Lösungen. Es fördert zudem Tribalismus, wie man fachsprachlich sagt. Der Begriff ist aus dem lateinischen Wort für »Stamm« abgeleitet und bedeutet, dass ich ein Schema aufstelle und einteile: Wer sind meine Leute, wer sind die anderen? Wer gehört zu mir, wer zu den anderen? Wer denkt so wie ich, wer nicht? Ganz klar ist: Ich mag nur meine eigenen Leute. Was die anderen sagen, interessiert mich nicht, ich weiß ja eh, dass es falsch ist (oder irrelevant, feindselig, rückwärtsgewandt, utopistisch, rechts, links, nutzlos, schädlich etc.). Es ist ein ziemlich simples Schema – und genau darin besteht sein Charme! Wir sehen genau das an den Rändern der Gesellschaft, die für Populismus empfänglich sind. Hier finden wir viele Menschen, die wenig Resilienz aufweisen, die schnell unter Stress geraten und die darum nach den einfachen Lösungen suchen und solche auch – vermeintlich – finden.

Meiner Ansicht nach gibt es zwei Wege, unzulässigen Vereinfachungen im eigenen Denken zu begegnen. Der erste besteht darin, Stress abzubauen, um besser mit Komplexität umgehen zu können. Und der zweite in der Gewöhnung an Komplexität. Es ist wie im Sport und in vielen anderen Zusammenhängen: Je mehr ich trainiere, wiederhole, Muskeln, Wissen oder Erfahrung aufbaue, desto weniger Mühe bereiten mir die zu lösenden Aufgaben. So ist es auch mit Komplexität. Sie bereitet weniger Stress, wenn ich mit ihr aufwachse. Wenn ich von Anfang an verstehe, dass die meisten Dinge im Leben kompliziert sind, und weiß, dass ich *trotzdem* damit fertig werden kann, dann muss ich Komplexität nicht als unbekannte Bedrohung werten. Sondern kann sie zunächst einmal als eine Aufforderung begreifen, mich mit ihr zu beschäftigen und damit umzugehen. Ein Beispiel: Ich erkläre meiner sechsjährigen Tochter den Ukrainekrieg. Wie es für ein Kind typisch ist, sucht sie nach Mustern im Geschehen, um ihre Schlüsse daraus zu ziehen: Also dann sind die Russen die Bösen, wenn die die Ukraine überfallen? Ich erkläre ihr: Die russische Regierung ist böse und das russische Volk ist einfach passiv. Die Menschen machen nichts, sie passen nicht auf. Aber heißt das, dass jeder russische Mensch, dem du begegnest, ein böser Mensch ist? Nein. Du kennst doch Vlad und Galina, die uns oft besuchen. Sie sind nicht böse. Doch die Regierung in Russland, die ist böse.

Es ist eine vertrackte Situation für ein Kind (auch für viele Erwachsene). Ich selbst bin in der Ukraine geboren, ich spreche mit meiner Tochter Russisch, und wir haben einige Russen in unserem Bekanntenkreis, mit denen wir feiern, mit denen wir lachen – obwohl die ja aus dem Land stammen, das meine Heimat überfallen hat. Viele Leute schrecken vor der Aufgabe zurück, einem kleinen Kind diese Komplexität klar zu machen, und noch mehr schrecken sie davor zurück, es mit widersprüchlichen Eindrücken zu konfrontieren. Das halte ich aber für falsch. Wann soll ich denn damit anfangen, meine Tochter mit der Welt bekannt zu machen? Wenn sie acht Jahre alt ist oder lieber erst mit zehn? Wäre sie dann »reifer« und besser gerüstet, um Komplexität und Widersprüche auszuhalten? Das glaube ich nicht. Woher sollte die Reife denn kommen? Das Alter allein ist dafür kein Garant. Außerdem leben die Kinder ja nicht im luftleeren Raum. Sie bekommen über diverse Medien mit, dass etwas passiert, sie werden im Kindergarten oder in der Schule mit vielleicht aggressiven Äußerungen konfrontiert, sie erleben die Bestürzung ihrer Eltern oder deren Debatten über Dinge, die in der Welt geschehen.

Ich bin absolut überzeugt davon, dass es sinnvoll und notwendig ist, Kinder nicht von der Welt fernzuhalten. Sie sind Teil der Welt, und die Welt ist Teil ihres Lebens. Also erzähle ich meiner Tochter von der Komplexität eines Problems, aber ich achte darauf, dass sie sie erfahren kann, ohne davor Angst haben zu müssen. Und genau dafür ist auch aula gedacht. Natürlich wäre es verlockend gewesen, den aula-Prozess möglichst einfach, eindeutig und auf einem äußerst niedrigen Komplexitätsniveau zu gestalten. Aber das wäre unproduktiv gewesen. Denn er soll ja gerade dazu dienen, dass sich Kinder und Jugendliche (oder im außerschulischen Kontext auch Erwachsene) an Komplexität gewöhnen, dass sie sie erkennen und bewältigen lernen, indem sie jedes Problem von mehreren Seiten beleuchten. Sie prüfen: Wem nützt das, wem schadet es? Welche Kosten sind damit verbunden? Warum finden einige die Ideen des Antragstellers gut, andere nicht? Wieso schätze ich diese Idee mehr als eine andere? Wir lassen die gesamte Komplexität der Realität zu, und die Schüler setzen sich damit in dem praktischen Raum auseinander, in dem sie handeln. Und in dem sie die Konsequenzen ihrer Handlungen selbst erfahren können.

Regeln beachten

Im aula-Prozess üben die Schülerinnen und Schüler den Umgang mit Komplexität zum Beispiel in der Ideenbox. Ich hatte die Grundzüge der Box eingangs schon grob gezeichnet. Hier werden die Ideen eingestellt, die ein bestimmtes Quorum erreicht haben und damit als diskussionswürdig betrachtet werden. Zunächst findet die Ausarbeitungsphase statt, meistens zwei Wochen lang. Wichtig: Die Schnittstelle zwischen dem analogen und dem Online-Klassenraum befindet sich hier. Die neuen Ideen werden nämlich live vorgestellt. Das heißt, Kinder gehen in die verschiedenen Klassen und präsentieren ihr Projekt. Sie versuchen, Interesse zu wecken und Anregungen einzusammeln, um die Idee zu optimieren. Aber auch online können Verbesserungsvorschläge eingebracht werden.

Diese Beschreibung wirkt harmlos, geradezu simpel. Die einen erzählen was, die anderen äußern sich dazu. Doch wer sich mal eine Sekunde lang in die Lage der beiden Parteien versetzt, dem wird klar, dass hier intellektuell und emotional Großes im Gange ist. Allein, dass ein junger oder sehr junger Mensch öffentlich für eine Herzensangelegenheit eintritt, ist ein riesiger Schritt. Natürlich üben die Schüler im Unterricht, in Referaten bestimmte Sachverhalte darzustellen oder Thesen zu vertreten. Häufig müssen sie das nicht allein tun, sondern sie präsentieren ihre Ausarbeitung in Gruppen. Meist handelt es sich um weitgehend vorgegebene Themen, die mit ihnen und ihren persönlichen Interessen nicht sehr viel zu tun haben. Der ein oder andere hat vielleicht Glück und bekommt tatsächlich eine Aufgabe, die er spannend findet. Oft bleibt es aber dabei, dass man halt die Pflicht erfüllt, mehr nicht. Es geht in erster Linie um die Note. Auch Rollenspiele werden hier und da veranstaltet, um zu lernen, wie man einen bestimmten Standpunkt vertritt. Das sind wertvolle Ansätze. Allerdings sind wir meilenweit entfernt von den Debattierclubs und Argumentationsübungen, wie sie beispielsweise in Großbritannien oder den USA zum Standard in Schule und Hochschule gehören. Hier wird schon mit den Jüngeren geübt, frei zu sprechen, logisch stringent zu argumentieren und seine Sache zu verhandeln. Wir könnten uns ein Beispiel daran nehmen, eine Verbesserung der allgemeinen Eloquenz würde sich auf vielen Ebenen vorteilhaft auswirken. Zwar haben wir Institutionen wie »Jugend debattiert«, mit immerhin rund 200 000 Teilnehmern pro Jahr[5]. Das klingt nach viel. Aber im Verhältnis zur gesamten Schülerschaft von über 11 Millionen[6] ist das dann doch eher bescheiden.

Selbst wenn die Kinder in Deutschland in der Schule Referate zu vorgegebenen Themen üben: Das Schicksal der eigenen Idee in den Händen zu halten ist etwas ganz anderes. Diese Idee findet der Initiator super, daran hängt er sein Herz. Weil er für sich selbst eine Verbesserung erhofft oder weil er überzeugt ist, dass seine ganze Klasse oder sogar die ganze Schule davon profitieren wird. Es ist ein emotionaler, ein bedeutender Schritt, sich für etwas zu engagieren, selbst wenn dieser Einsatz vielleicht nicht von jedem als so gravierend empfunden wird. Wer zu seiner Idee steht, der setzt sich der Öffentlichkeit aus, und das ist mutig und auf jeden Fall aufregend.

Die anderen haben daher eine verantwortungsvolle Auf-

---

5 https://www.jugend-debattiert.de/pressemitteilungen/pressemeldung/bundesfinale-2023, abgerufen am 15.09.2023

6 Schuljahr 2022/2023, https://www.destatis.de/DE/Presse/Pressemitteilungen/2023/03/PD23_105_211.html, abgerufen am 15.09.2023

gabe. Zuallererst müssen sie einen Beitrag und seinen Autor respektieren, ihn ernst nehmen und wohlwollend betrachten wollen. Das heißt, sie müssen die Regeln beachten, sie müssen sich Zeit für die Bewertung nehmen und sollen nicht sofort einem negativen Impuls folgen. Oder wenn sie ihn verspüren, zumindest gute Gründe dafür suchen. Sie sollen eine Idee nach ihren eigenen Kriterien und ihrem Wissensstand bewerten, aber nicht einfach um der Kritik willen, sondern um ein besseres Ergebnis für alle zu erzielen. Selbst wenn also persönliche Vorlieben für oder Abneigungen gegen den Initiator bestehen, sollte das nicht der Inhalt einer Bewertung sein. Wir wollen ja simple Gruppenbildung vermeiden, vielmehr haben wir das Wohl der Klasse oder sogar der gesamten Schule im Kopf. Das bedeutet, dass die Schüler auch in ihrer Rolle als Empfänger einer Idee keine Konsumenten, sondern Mitgestalter sind. Hier sehen wir einen wichtigen Vorteil von aula: Es stehen nicht die aktiven Ideengeber auf der einen Seite und die passiven Empfänger auf der anderen. Es ist nicht die Entsprechung von »Wir und die anderen« oder gar »Ihr da oben, wir hier unten«. Auch diejenigen, die eine Idee prüfen und durch Vorschläge verbessern, sind aktiv. Sie beschäftigen sich damit, beurteilen und entwickeln eigene Beiträge. Bei alldem sollen sie die Person des Ideengebers respektieren. Sie sollen also kritisch und affirmativ zugleich sein.

Für lebhafte Kinder ist es nicht ganz einfach, sich zu beherrschen, sie neigen dazu, gleich mit dem ersten Impuls herauszuplatzen. Schüchterne Kinder hingegen müssen sich überwinden, öffentlich etwas zu sagen. Erst recht ist es schwer für sie, wenn der Initiator einer Idee ein eloquentes und sehr selbstbewusstes Kind ist, vielleicht sogar ein gewisses Überlegenheitsgefühl ausspielt. Deshalb gibt es die strengen Regeln, auf welche Art und Weise Ideen in aula besprochen und bewertet werden dürfen. Unabdingbar: Jeder Verbesserungsvorschlag folgt einem gedachten »Ich stimme zu, aber nur, wenn …«. Das kann in der Praxis dann schlichtweg heißen: »Gute Idee, ich würde aber gern noch xy einbringen, weil …« Oder: »Warum lassen wir denn dieses oder jenes außen vor?« Alles ist erlaubt, solange es konstruktiv ist und weder die Idee noch ihren Urheber diskreditiert. »Deine Idee ist scheiße« ist kein Verbesserungsvorschlag und wird sofort von den Moderatoren behandelt, oft durch Löschen des Beitrags und ein Gespräch mit dem Verfasser.

Technisch gesehen ist ein Vorschlag auf der aula-Plattform natürlich ein Kommentar, aber er hat nichts mit dem zu tun, was man auf anderen Plattformen an kommentierenden Äußerungen erlebt. Auf YouTube erhält jemand mehr Likes, wenn er ein Video bzw. seinen Autor mit »Du bist scheiße« kommentiert, als wenn er schreiben würde: »Guter Ansatz, aber schau mal, hier würde ich noch ein wenig nacharbeiten.« Das heißt, auf den meisten sozialen Plattformen verführen die technischen Möglichkeiten zur Radikalisierung, zur Abwertung und stärkstmöglichen emotionalen Reaktion. Die Schüler erkennen an dem aula-Vorgehen, wie Technologie uns zu einem bestimmten Verhalten leitet. Deshalb habe ich ja so viel Wert darauf gelegt, ein Werkzeug zur Verfügung zu stellen, das konstruktives Verhalten fördert, anstatt es zu behindern. aula tut genau das. Wir sehen ganz deutlich, dass durch diese Regeln des Diskurses auch die Rückmeldungen in den Klassendiskussionen viel konstruktiver ablaufen.

Die Kinder kontrollieren einander, aber eine besonders wichtige Aufgabe nehmen in diesem Zusammenhang die Juniormoderatoren wahr. Sie tragen eine große Verantwortung, um zu gewährleisten, dass dieser Debattenraum in aula so funktioniert, wie er soll. Sie prüfen die Beiträge. Wenn jemand etwas Verbotenes schreibt, eine Beleidigung etwa, suchen die Juniormoderatoren das Gespräch und verwarnen den Urheber. Wiederholt die Person solche Verstöße, kann sie zum Beispiel für ein halbes Jahr gesperrt werden und darf sich nicht mehr auf der Plattform äußern. Welche Sanktionsmöglichkeiten es gibt, ist in den Nutzungsbedingungen im aula-Vertrag geregelt, und der wird von den Schülern mitverhandelt. Das heißt, jeder weiß von vornherein, welche Konsequenzen Fehlverhalten nach sich zieht.

Ich bin eine Person, die sehr viel über Beteiligung, Selbstwirksamkeit und Freiheit redet. Da wirkt es manchmal wie ein Widerspruch, dass aula mit so viel Vertrags- und Regelwerk einhergeht. Schränkt das die Freiheit und Selbstentfaltung der Schüler nicht ein? Ich denke, das Gegenteil ist der Fall. Regeln machen Freiheit und eigenes Handeln überhaupt erst möglich. Ich erläutere das meist an einem Beispiel: Stellen wir uns vor, wir stünden an einem zugefrorenen See. Ich habe meine Schlittschuhe dabei. Es gibt keinerlei Absperrungen oder Schilder, die auf dünnes Eis hinweisen. Nun kann man sagen, dass ich also ganz frei bin, vollkommen ohne Einschränkungen. Doch ich laufe bei jedem Schritt Gefahr, dorthin zu geraten, wo das Eis zu dünn ist und ich einbrechen könnte. Das heißt, ich laufe sehr, sehr vorsichtig und bin darauf gefasst, dass es jederzeit einen unangenehmen Vorfall geben könnte. Ich bin eingeschränkt, unter Spannung, ich agiere nicht frei.

Befindet sich auf diesem zugefrorenen See jedoch gut sichtbar eine Absperrung, die eine dünne Stelle einkreist, dann sieht das zwar aus wie eine Begrenzung meiner Freiheit. Ich darf nicht so fahren, wie ich will, oder nicht überallhin, so wie ich es möchte. Dennoch bewege ich mich in dieser Situation viel freier. Weil ich weiß, dass der Raum, der mir zur Verfügung steht, sicher ist. Weil ich mich nicht damit beschäftigen muss, ständig die Oberfläche auf verdächtige Zeichen abzusuchen. Und weil ich nicht dauernd in der Spannungshaltung bin, dass jeden Moment etwas passieren könnte. Ich befinde mich also nicht permanent im Stress des Ungewissen und der Gefahr, sondern kann entspannt meine Runden ziehen und die Bewegung genießen.

Außerdem sind unsere Begrenzungen auch oft erst der Garant für die Freiheit der anderen. Darum vereinbart jede Gemeinschaft, selbst eine anarchistische, Regeln, zu denen sich die Mitglieder verpflichten. Ich bin frei, meine Meinung öffentlich zu sagen, weil jemand anderes unfrei ist, mich dafür zu verprügeln. Ich bin frei, einen Besitz kurz unbeaufsichtigt zu lassen, weil jemand anderes unfrei ist, ihn mir einfach wegzunehmen.

Friedrich Engels bezeichnete im Rückgriff auf Hegel Freiheit als »die Einsicht in die Notwendigkeit«. Theoretisch bräuchten wir also keine Regeln, wenn wir bei jedem Schritt mit der Kraft unseres Verstands beurteilen, warum diese oder jene Einschränkung für uns notwendig ist. Das ist aber sehr anstrengend. Manche Regeln sind deshalb gesetzt und wir folgen ihnen, obwohl wir nicht zu jeder Zeit reflektieren, warum sie eigentlich notwendig sind. Dazu gehören die Regeln unseres Staates, so etwas wie soziale Normen und eine Menge selbst auferlegter Regeln.

Ich werde zum Beispiel oft gefragt, warum ich als freiheitsliebende Person ausgerechnet der jüdischen Religion (mehr schlecht als recht) folge, deren große Zahl an Geboten und Verboten bekannt ist. Der Grund ist ein ganz ähnlicher. Ich kenne nicht der Weisheit letzten Schluss, wie man als Mensch gut mit anderen Menschen und der Natur lebt. Andere Leute haben sich mehr als 5000 Jahre lang Gedanken dazu gemacht und diese in ein Regelwerk gegossen. Wenn ich diese Regeln kenne und beachte, habe ich bessere Chancen, radikale Fehler zu vermeiden, als wenn ich ständig versuchte, das Rad neu zu erfinden. Ich schätze an der jüdischen Religion aber auch, dass diese Regeln ständig diskutiert und interpretiert werden, dass sie permanent auf ihre Angemessenheit geprüft werden und man sich immer wieder in Erinnerung ruft, warum sie eigentlich da sind. Auch das gehört dazu. Ein Spagat aus Mündigkeit und zuverlässiger Begrenzung. Wie gute Erziehung eben auch sein sollte.

Deshalb haben wir bei aula Regeln, die wir im Rahmenvertrag für alle verbindlich niederlegen. Er bildet sozusagen die Umgrenzungen unserer Eisfläche, auf der wir gut Schlittschuh laufen können. Bis der Rahmenvertrag steht, kann einige Zeit vergehen. Es ist ein hochpolitischer Prozess, an dem auch die Schülervertreter beteiligt sind. Es kann sogar zu Streitigkeiten kommen, insbesondere dann, wenn die Schulleitung letztlich noch immer Zweifel hat, ob der aula-Versuch gelingen kann. Ich kann mich an eine Schule erinnern, in der es beim Aushandeln des Vertrags zuging wie in einer Parlamentsdebatte – genauer gesagt, so wie ich mir eine gute Debatte im Bundestag vorstelle. Ein Knackpunkt war, wie im richtigen Leben, das Geld. Die Schüler wollten über bestimmte Budgets mitbestimmen. Es ging sehr engagiert hin und her, kontrovers, aber mit wirklich guten Argumenten. Der Aufwand lohnte sich, denn am Ende stand ein Vertrag, den wirklich alle mittrugen.

Auch wenn es manchmal leichter oder schneller geht: Der Rahmenvertrag ist essenziell, weil die Regeln, die hier vereinbart werden, Einfluss auf alle weiteren Aktionen haben. Sie definieren den Raum, in dem sich alle frei bewegen können, ohne Angst. Und deshalb halten wir uns auch in unserer Demokratie an die Regeln, die das Grundgesetz vorgibt. Dieser Rahmen ist das Maß der Anerkennung des Systems, das wir aus intrinsischer Motivation aufrechterhalten wollen.

Die Regeln, die für die aula-Debatten festgelegt wurden, und nicht zuletzt die Moderatoren und Juniormoderatoren sorgen dafür, dass aula-Projekte ein sicherer Raum sind, in den sich alle einbringen können, ohne Nachteile fürchten zu müssen. Meine Erfahrung ist, dass die Kinder und Jugendlichen, vor allem die Juniormoderatoren, äußerst verantwortungsvoll sind und sehr genau darauf achten, dass Verstöße geahndet werden. Sie sind um einiges konsequenter, im Grunde auch sozialer, als man meint. Viele Lehrkräfte überrascht dieses Verhalten. Sie haben nicht damit gerechnet, dass ihre Schüler so verantwortungsvoll agieren und selbst mit derart komplexen Aufgaben gut zurechtkommen. Oft ist auch das ein Effekt des Labellings. Wem man nie etwas zutraut und nie Verantwortung überträgt, der verhält sich eben auch eher passiv und unsozial. Im aula-Prozess erkennen und vermitteln die Schüler jedoch, dass ein lebendiges Beteiligungssystem nur dann funktioniert, wenn sich alle an die Regeln halten. Wenn wir keine Regeln haben, wenn jeder macht, was er will, wenn die Leute einander beleidigen, dann stirbt auch das Lob. Und die Ideen sterben erst recht. Wer wollte sich denn in einer solch regellosen, zerstörerischen Umgebung noch engagieren?

Verhandeln wollen

Wenn sich die Ideen in der Box befinden, gibt es meist schon sehr bald Kommentare, aber es wird noch längst nicht abgestimmt. Zunächst geht es darum, die Ideen in eine Ordnung zu bringen. Ist lediglich ein Vorschlag vorhanden, fällt es leicht, da entsteht die Ordnung von selbst. Sind aber mehrere Ideen eingereicht worden, steigt die Komplexität. Vielleicht ergänzen einige Ideen einander, manche werden aber unvereinbar sein. Es muss geprüft werden: Welche Ideen müssen wir zuerst besprechen, weil ihre Konsequenzen weiter reichen als die der anderen? Können wir Ideen, die einander sehr ähnlich sind, zusammenfassen? Wenn ja, wie machen wir das am besten? Geht uns etwas verloren, wenn wir zunächst einen Punkt besprechen und die anderen Aspekte außen vor lassen, und so weiter?

Es ist eine intellektuell und emotional anspruchsvolle Arbeit, die die Schüler leisten müssen, weil sie sehr Verschiedenes gleichzeitig betrachten und bewerten, ohne direkt eine konkrete Entscheidung treffen zu können. Sie müssen die Dinge in der Schwebe halten, solange sich die Kernpunkte noch nicht geklärt haben. Wahrscheinlich neigen sie sehr schnell intuitiv zu einem Vorschlag und ergreifen innerlich dafür Partei. Doch gezwungenermaßen nehmen sie auch die Einwände oder Vorlieben der anderen wahr. Das ist ein wichtiger Punkt. Es klingt so leicht und selbstverständlich: Ich nehme wahr, dass andere anderer Meinung sind. Aber es ist mitnichten selbstverständlich. Es ist keine neutrale Angelegenheit, von meiner eigenen Ansicht abweichende Haltungen wahrzunehmen. Die Schüler – egal ob sie Initiatoren einer Idee sind oder die eines Mitschülers lediglich kommentieren – müssen letztlich zulassen, dass ihre eigene Ansicht infrage gestellt wird. Sie müssen Widerspruch aushalten. Eigentlich ist das eine Sache, die man in der Schule lernen sollte, um persönlich zu reifen, aber auch um sich auf Studium und Beruf vorzubereiten. Wissenschaft lebt davon, dass ihre Erkenntnisse nicht »alternativlos« sind, dass die Gegenrede zu einem besseren Ergebnis führt. Und im beruflichen Umfeld ist es ebenso. Der Grundsatz »Bleibt alles so, wie es war, haben wir schon immer so gemacht« trägt weder ein Industrieunternehmen durch internationale Märkte noch eine kleine Werkstatt mit lokalen Kunden. Widersprüche auszuhalten wird in der Schule aber normalerweise wenig geübt. Weil diese Resilienzförderung nicht Bestandteil des Lehrplans ist und dafür einfach auch viel zu wenig Zeit zur Verfügung steht. Dabei lebt Demokratie in Deutschland ja auch genau davon, dass Widersprüche ausgehalten werden können. Sie ist keine Mehrheitsermittlungsmaschine, sondern ein System von Interessenausgleich und Machtkontrolle durch Gewaltenteilung, also schon in der Anlage etwas »Fließendes«, nichts ewig Feststehendes.

Was bedeutet es für den Befürworter einer Idee, die Widerspruch erfährt und deshalb möglicherweise in der Gunst der Klasse zurückfällt? Oft bedeutet es Stress für ihn. Er kann sich dann schmollend in eine Ecke zurückziehen. Oder er wird wütend und reagiert vielleicht aggressiv. Beides ist von Nachteil. Der Beleidigte verspielt die Chance, die Vorzüge seiner Lieblingsidee anzupreisen oder wenigstens Teile von ihr zu retten. Der Wütende vergreift sich im Tonfall und wird verwarnt, gegebenenfalls sogar ausgeschlossen. So oder so: Beide gäben Einflusssphären auf. Die Moderatoren und vor allem die Juniormoderatoren können auf diese Folgen direkt oder indirekt aufmerksam machen. Sie können auf Konsequenzen hinweisen, sie können ermutigen oder dämpfen. Dadurch tragen sie dazu bei, dass bei den Teilnehmern emotionaler Stress abgebaut wird. Und nichts anderes ist ja Wut oder Gekränktsein. Wie wir zu Beginn dieses Kapitels bei Daniel Kahneman gesehen haben, ist Stress für eine vernünftige Entscheidungsfindung aber das reine Gift. Nur wenn die Teilnehmer stressfrei sind, besteht für sie überhaupt die Chance, andere Bedürfnisse und Argumente wahrzunehmen und in die eigenen Vorstellungen einzubeziehen.

Bevor die Juniormoderatoren ihr Amt übernehmen, durchlaufen sie spezielle Schulungen, in denen es unter anderem um Strukturen der Argumentation und um Debattenkultur geht. Sie durchschauen dadurch nicht nur ihre eigenen Reaktionsweisen klarer, sondern lernen auch, wie sie andere dazu anhalten können, sich an die Regeln zu halten, sich zurückzunehmen oder aus sich herauszugehen. Sie haben ja selbst eine Meinung, müssen aber vermitteln und deshalb nicht nur die Perspektive eines anderen erfassen, sondern sie unter Umständen auch noch einem Dritten nahebringen. Dabei sind sie weder »Chefs«, die bestimmen können, noch wie Eltern, die schon »alles regeln werden«. Sie üben einen anspruchsvollen Balanceakt aus – einerseits soll sich der aula-Prozess frei entwickeln, andererseits soll keiner unter die Räder kommen oder alle anderen dominieren.

Juniormoderatoren, von der wir in jeder Klasse mehrere

haben, sind für ihre Klassenkameraden da. Das hat den Vorteil, dass sie Schülern auf Augenhöhe begegnen können, wenn etwas schiefläuft oder es Stress gibt. Auf der Onlineplattform können sie gemeldete Inhalte bearbeiten oder löschen. Zum Beispiel würden sie eine Beleidigung oder ein Schimpfwort sofort von der Plattform entfernen. Dann folgt aber das Gespräch mit dem Autor oder der Autorin. Eine Juniormoderatorin würde beispielsweise zu einem Schüler sagen: »Hey, ich habe gesehen, dass du unter die Pizza-Idee einen Verbesserungsvorschlag geschrieben hast, der einfach nur hieß: ›Ich finde die Idee scheiße.‹«

»Ja, und?«, fragt er.

Sie erklärt: »Das ist ja kein richtiger Verbesserungsvorschlag. Das haben wir auch in unserem Vertrag festgehalten. Der muss ja immer enthalten, was sich ändern müsste, damit du die Idee gut findest.«

»Die Idee ist aber nicht gut. Sie ist halt scheiße«, zuckt der Schüler die Schultern.

»Dann bring doch eine Gegenidee«, schlägt die geschulte Juniormoderatorin vor.

»Ich weiß nicht, was ich da 'ne Gegenidee machen soll. Ich finde es einfach nur scheiße, wenn es freitags nur Pizza in der Mensa gibt. Ist doch keine Auswahl und so. Das Essen soll einfach so bleiben, wie es ist.«

»Das ist doch ein guter Titel für eine Gegen-Idee: ›Das Essen soll so bleiben, wie es ist.‹«

Der Schüler bläst die Backen auf und atmet langsam aus. Er wirkt überfordert von der Aufgabe. Die Moderatorin bietet an: »Sollen wir die Idee vielleicht zusammen formulieren und einreichen?«

Es braucht natürlich immer eine Zeit, bis alle Juniormoderatoren ihre Aufgabe auf diese Weise wahrnehmen können, hilfreich und konstruktiv sind. Sie lernen es erst nach und nach. Aber wenn sie es gelernt haben, werden sie wahrscheinlich auch gute Manager, gute Führungskräfte, gute Ehepartner und Freunde. Weil sie eine Menge sozialer Kompetenzen erworben haben.

Deshalb finden die Diskussionen nicht nur auf der Online-Plattform statt, sondern auch in den analogen Klassen- und sonstigen Räumen. Ich möchte noch einmal betonen, dass die Plattform nur ein technisches Hilfsmittel ist, das in den verschiedenen Phasen des Findungsprozesses und insbesondere bei großen Gruppen sehr nützlich ist, weil es etliche Schritte vereinfacht. Die analoge Ansprache, also der direkte Kontakt mit einem Gegenüber, ist jedoch letztlich viel wichtiger, auch viel geeigneter, um etwas auszuhandeln. Warum? Weil ich bei meinem Gegenüber sehe: Sie stimmt mir zwar zu, aber ganz sicher scheint sie sich nicht zu sein. Sie spricht langsam, zögert bei entscheidenden Worten. Anhand einer schriftlichen Äußerung könnte ich das gar nicht bemerken. Wenn ich der Schülerin aber gegenüberstehe, ihre Körpersprache und ihren Tonfall deutlich wahrnehme, möglicherweise noch andere Signale empfange – dann weiß ich: Hier ist noch nicht alles in trockenen Tüchern. Worin besteht das Unbehagen, und wie kann ich es auflösen? Oder ein Juniormoderator sieht: Oh, hier duckt sich jemand weg, vielleicht braucht er Unterstützung. Ohne Umweg und ohne Öffentlichkeit kann er dem Kind anbieten, ihm zu helfen. Das geht schnell und direkt. Das System lebt ja davon, dass die Leute einander kennen und eine reale Gemeinschaft sind. Die Software ist wirklich nur dafür da, ihnen das gemeinschaftliche Leben zu erleichtern. Wir alle haben während der Pandemie und den endlosen Videokonferenzen erlebt, dass die virtuellen Treffen zwar praktisch sind, aber auch wahnsinnig öde und eingeschränkt.

Darüber hinaus sind die direkten kommunikativen Begegnungen natürlich auch Lerngelegenheiten. Zum Beispiel, um soziale Interaktionen zu üben. Um flexibel auf unerwartete Situationen im Gespräch zu reagieren. Um Bedürfnisse zu formulieren bzw. damit umzugehen. Um die eigene Kommunikation auf den Gesprächspartner einzustellen. Um konstruktives Feedback zu geben. Und um das Ganze am Laufen zu halten. Manchmal rührt sich nämlich nichts, eine gute Idee liegt in der Box, aber es interessiert keinen. Dann sprechen die Juniormoderatoren den Initiator der Idee an: »Hey, du hast doch hier deine Idee reingestellt. Da tut sich jetzt nichts. Möchtest du dafür nicht ein bisschen Werbung machen? Wie wär's, wenn du mal ein Plakat dazu erstellen würdest und es in die Klasse hängst? Oder mehrere, eine kleine Serie, damit schaffst du noch mehr Aufmerksamkeit.« Die Moderatoren können auch in der aula-Stunde die ganze Klasse ansprechen: »Hier ist eine Idee, die ein bisschen schüchtern ist, deshalb hat sie bisher keiner gesehen. Guckt jetzt mal hin. Was haltet ihr denn von dieser Idee? Gibt es Verbesserungsvorschläge?« Sie schieben die Diskussionen an und sorgen dafür, dass keine Idee still und leise verkümmert.

Eine zentrale Frage in der Verhandlungsphase lautet: Wie vermeiden wir Streit, wenn wir verschiedener Meinung sind? Eine Antwort könnte lauten: indem wir die überzeugendsten Argumente austauschen. Das ist keine schlechte Antwort, aber auch keine optimale. Rein intellektuell ist nämlich nicht zu ermitteln, was überzeugend sein könnte. Egal welches Thema behandelt wird, nie geht es nur um die reine Sachebene. Immer sind Emotionen oder persönliche Erfahrungen und Haltungen betroffen. Wir können Streit daher vor allem vermeiden, indem wir uns einerseits über die Bedürfnisse der anderen klar werden, was zunächst einmal bedeutet, hinzuhören und uns in die Lage des anderen zu versetzen. Andererseits, indem wir uns über unsere eigenen Bedürfnisse und Motive klar werden. Wenden wir uns zunächst den Bedürfnissen der anderen zu. Schon das Hinhören ist eine Kunst. Häufig gibt es »akustische« Verwirrung. Wir hören nicht das, was tatsächlich gesagt wurde. Etwa weil wir eine bestimmte Vorstellung von demjenigen haben, der etwas äußert, »der redet ja immer so einen Quatsch« oder weil wir auf ein bestimmtes Stichwort allergisch reagieren, »die mit ihrer Verantwortungsmeise«. Ein Faktor, um Streit oder Missverständnisse zu vermeiden, ist also, das möglichst offene, unvoreingenommene Zuhören zu üben.

Das ist insofern eine manchmal große Aufgabe, wenn die sozialen Bindungen in der Schülerschaft schlecht oder sogar belastet sind. Gelegentlich fragen mich daher Lehrkräfte vor Beginn eines Projekts: »Wir sehen doch überall Mobbing. Kann es nicht auf der aula-Plattform auch schnell dazu kommen?« Meiner Erfahrung nach sehr selten. Es gibt natürlich Mobbing an Schulen, aber in den Fällen, die mir bekannt wurden, entstand das Mobbing nicht über aula, sondern fand eher in den WhatsApp-Gruppen statt. Nicht auszuschließen ist natürlich, dass die Idee eines Kindes, das über WhatsApp gemobbt wird, auch über aula gemobbt wird. Ein Vorteil ist hier allerdings, dass die Juniormoderatoren ein Auge auf alles haben, was abläuft. Dass sich vorhandenes Mobbing durch aula verstärkt, halte ich daher für relativ unwahrscheinlich. Auf einer derart kuratierten Plattform wie aula kann sich Mobbing kaum ausbreiten. Vor allem dadurch, dass die Schüler hier nicht anonym sind, sondern bekannt ist, wer einem Benutzeraccount zuzuordnen ist. In einer der ersten Evaluationen zu aula sagten viele Schüler und Schülerinnen in den Selbstberichten, dass sie sich durch das bewusste, regelbasierte Kommunizieren bei aula auch auf anderen Plattformen konstruktiver verhielten als zuvor. Ich habe mich darüber sehr gefreut und halte die Einschätzungen für grundsätzlich plausibel. Allerdings sind unter wissenschaftlichen Gesichtspunkten solche Äußerungen mit großer Vorsicht zu genießen. Zum einen weil es viel zu wenige Stimmen sind, um daraus eine Gesamtaussage ableiten zu können, zum anderen handelt es sich um Eigenaussagen, die schwer oder gar nicht zu prüfen sind. Belastbare Rückschlüsse kann man daraus also nicht ziehen. Ich würde jedoch gern demnächst eine Untersuchung dazu entwickeln und durchführen, um zu verifizieren, dass sich aula positiv auch auf andere Kommunikationssituationen auswirkt. Wenn das tatsächlich der Fall wäre, könnte man aula mit noch größerer Überzeugungskraft auch über den schulischen Einsatz hinaus bewerben.

In der Verhandlungsphase von aula ist also – wie in jeder anderen kommunikativen Situation auch – das unvoreingenommene Hören unabdingbar, darüber hinaus gilt es jedoch zu *verstehen*, was gemeint ist. Das wiederum setzt natürlich voraus, dass mein Gesprächspartner prinzipiell in der Lage ist, sein Anliegen so zu kommunizieren, dass ich als Empfänger zumindest eine Chance bekomme, zu begreifen. »Also, das macht mich jetzt aber nicht glücklich« ist eine Äußerung, mit der man kaum etwas anfangen kann. Ebenso wenig mit: »Ich weiß nicht, irgendwie habe ich so ein Gefühl, dass wir vielleicht eigentlich noch mal überlegen könnten.« Essenziell ist also, dass es gelingt, die eigene Ansicht oder das eigene Bedürfnis in eine sprachliche Form zu bringen, mit der die anderen umgehen können. Die ihnen im wahrsten Sinne des Wortes etwas sagt.

Man denkt ja, dass das in der Schule, in der in einigen Fächern auch Diskurse geübt werden, selbstverständlich ist. Davon kann man aber nicht in jedem Fall ausgehen. Gerade wegen der starken Konzentration auf die Prüf- und Vergleichbarkeit von Leistungen kommt es vielfach weniger auf einen Diskurs an als vielmehr auf die Reproduktion von gelerntem Vokabular und standardisierten Formulierungen. Das verselbständigt sich dann auch schon mal. Eine Deutschlehrerin erzählte mir vor einiger Zeit, dass sie das besonders bei Lyrikinterpretationen erlebt. Selbst wenn nur wenige Formalia wie etwa das Reimschema abgefragt werden, die Schüler den Inhalt frei besprechen und ihr Empfinden mitteilen könnten, kommt es zu »theoretisch« aufgeblähten Formulierungen – vollgestopft mit dem, was gelernt wurde und als Abfrage vermutet wird. Kompliziert gedrechselte Sätze mit fachlichem Wissen, aber kaum oder gar kein Eingehen auf den eigenen Eindruck und die persönliche Haltung. Meiner Beobachtung nach müssen die Kinder und Jugendlichen daher auch bei aula regelrecht üben, präzise und nachvollziehbar über ihre persönlichen Ansichten zu einer Sache zu sprechen. Und sich bewusst machen, dass der klare Ausdruck ihrer Bedürfnisse die Grundlage der Einigung über das Projekt in einer Gemeinschaft darstellt.

Eine Schwierigkeit bei der Aufgabe, sich auszudrücken, liegt darin, dass bei aller Klarheit im Ausdruck das Störgefühl, das man bei einem Vorschlag empfindet, so formuliert sein muss, dass es nicht wie ein Affront wirkt. Schließlich dient der Austausch ja dazu, möglichst alle Aspekte zu berücksichtigen. Oder wenn das nicht möglich ist, sollte nachzuvollziehen sein, warum nicht. Die Geschäftsführerin von aula und ich haben eine Streitschlichter-Ausbildung absolviert, schon bevor wir aula ins Leben riefen. Beide haben wir den Eindruck, dass die Elemente, die in diesem Training vermittelt werden, genau die sind, die auch in der Verhandlungsphase von aula relevant sind – und ganz generell bei jedem Zusammentreffen unterschiedlicher Interessen. Es braucht Introspektion. Es braucht den Raum, eigene Wahrnehmungen und Bedürfnisse formulieren zu können. Es braucht das respektvolle Zuhören. Es braucht die Fähigkeit, zwischen wichtigen und unwichtigen Anliegen zu unterscheiden. Ähnlich ist es bei Mediatoren in der außerschulischen Welt, etwa bei juristischen, tariflichen oder anderen Konflikten. Auch sie helfen ihren Klienten dabei, sich über die eigenen Wünsche klarzuwerden und dadurch erst den Anliegen der anderen öffnen zu können. In Härtefällen gilt es schon als Erfolg, wenn sich die streitenden Parteien überhaupt an einen Tisch setzen.

Kompromisse schließen

In der Verhandlungsphase findet also ein reger Austausch statt, offline und online. Die Vorschläge werden permanent überarbeitet, ergänzt, geändert, angepasst. Fragen werden beantwortet und berücksichtigt. Die Beschreibung des Projekts ändert sich fortlaufend, wird konkreter und wächst allmählich zu einem richtigen Plan an. Schon während der Verhandlungsphase, aber erst recht, wenn es später um die Abstimmung geht, ist die Fähigkeit gefordert, Kompromisse schließen zu können. Was ist ein Kompromiss? Das etymologische Wörterbuch sagt, dass der Begriff aus dem lateinischen compromittere kommt, für »etwas zusagen; einander ein Versprechen geben«. Eigentlich liegt also dem Wort eine positive Bedeutung zugrunde (anders als bei »kompromittieren«, das eine andere Entwicklungsgeschichte aufweist).

Heutzutage hat der Kompromiss jedoch seltsamerweise einen schlechten Ruf. Wer einen Kompromiss eingeht, wird oft als Verlierer angesehen, weil er seine eigenen Forderungen oder Ideen nicht hundertprozentig durchgesetzt hat. Man schätzt ihn gering, weil er offenbar kein harter Verhandler ist und sich gegen die Vorstellungen der anderen nicht einfach durchgesetzt hat. Es schwingt ein bisschen mit, dass man eine solche Person für ein Weichei hält. Diejenigen, die so von einem kompromissfähigen Menschen denken, verwechseln meiner Ansicht nach jedoch das normale Leben mit dem Leistungssport. Bei letzterem geht es natürlich um die Siegerehrung, aber doch sonst nicht! Dafür, dass der Kompromiss so in Verruf geraten ist, gibt es sicher zahlreiche Gründe, unter anderem die zunehmende Individualisierung und Ichbezogenheit vieler Menschen. Dabei begegnen wir in unserem Alltag quasi nichts, was nicht über einen Kompromiss erworben wurde oder zumindest damit einherging. Ob es sich um Reisevorlieben des Ehepartners handelt oder Tarifauseinandersetzungen: Der eine muss auf den anderen eingehen und kann – hoffentlich – ein derartiges Entgegenkommen ebenso von seinem Partner erwarten. Man kann quasi in keinem Lebensbereich ganz oben aufs Treppchen klettern, sich auf die Brust klopfen und krähen: Ich bin der Sieger. Manche tun es trotzdem. Für einen Moment mag es dann so aussehen, als ob diese schnellere Lösung und der härtere »Führungsstil« vorteilhaft wären, aber das täuscht. Die langfristigen Folgen sind auf jeden Fall unerfreulich.

Wann immer mehrere Menschen mit ihren eigenen Ansichten beteiligt sind, steht ein Kompromiss auf der To-do-Liste. In der Politik sieht man es besonders deutlich, auch weil sich die Akteure wie auf einer Bühne verhalten. Wir haben schon seit vielen Jahren Regierungen, die aus Koalitionen unterschiedlicher Parteien bestehen. Die letzte längere Alleinregierung einer Partei auf Bundesebene gab es 1960 bis 1961 mit der CDU unter Konrad Adenauer. In den Bundesländern sieht es ein bisschen anders aus, da ergaben sich häufiger Ein-Parteien-Situationen. Doch mittlerweile bestehen die Regierungen auch hier schon seit Längerem aus Koalitionen, außer im Saarland (Stand: September 2023). Koalitionen und die entsprechende Kompromissnotwendigkeit in der Regierungsarbeit sind also quasi der Normalfall. Wir müssten es daher gewöhnt sein und wissen, wie man unterschiedliche Konzepte oder Ansichten einander annähert. Aber was sehen wir? Insbesondere auf Bundesebene ein beständiges Schaulaufen der Beteiligten, die öffentlich Forderungen an ihre(n) Regierungspartner erheben und anschließend beim Publikum damit renommieren, sich durchgesetzt zu haben. Es ist wie beim Pferderennen: Interessant ist nur, wer dieses Mal gesiegt hat, die Grünen oder die FDP, wer im Sommerinterview besser abgeschnitten hat, Scholz oder Merz oder sonst wer. Es geht nicht darum, wie wir leben wollen oder ob wir den Planeten doch noch retten können, sondern es geht darum, wer gerade gewinnt. Die Zuschauer dieser Spektakel sind zwar oft enttäuscht, aber man muss sagen: Letztlich belohnen sie solches Verhalten mit Aufmerksamkeit. Geräuschloses Arbeiten zahlt nicht unbedingt auf die nächste Wahl ein. Streitereien allerdings auch nicht.

Wenn Menschen sich uneinig sind, ob Kompromisse gut oder schlecht sind, liegt das oft daran, dass sie das unterschiedliche Gewicht verschiedener Bedürfnisse nicht in Betracht ziehen. Wenn also den Grünen vorgeworfen wird, zu viele Kompromisse einzugehen, dann liegt das an dem Ziel, für das sie streiten: ein Klima, das Frieden, Handel und Wirtschaft ermöglicht. Wer sich über Kompromisse auf Kosten dieses Ziels empört, sagt: Kein Anliegen ist mit der Wichtigkeit dieses Anliegens vergleichbar. Gewinne von Unternehmen, die mit fossilen Ressourcen arbeiten, können damit nicht auf eine Stufe gestellt werden.

Kompromissfindung ist also nicht nur ein Handel von »ich gebe dir das, und du gibst mir dafür jenes«. Es ist auch eine Klärung dessen, was überhaupt verhandelbar ist und was nicht, weil wir ohne es nicht leben oder arbeiten können. Kompromissfindung ist der Prozess, in dem bloße eigene Wünsche aufgegeben werden für etwas, ohne das eine andere Person nicht leben kann. In diesem Ermitteln von wahren Bedürfnissen und in der Abwägung ihrer Dringlichkeit liegt die eigentliche Arbeit.

Manchmal berührt ein Kompromissvorschlag existenzielle Dimensionen der einen Seite. Wenn die andere Seite darauf keine Rücksicht nimmt, dann kann es keinen Kompromiss geben. Es ist ausgeschlossen, seine existenziellen Grundlagen in einer freien Verhandlung aufzugeben. Ein besonders dramatisches Beispiel für eine solche Situation ist der Krieg Russlands gegen die Ukraine. Wenn, sicherlich wohlmeinende, Unbeteiligte verlangen, dass sich die Ukraine doch zu Friedens- oder wenigstens Waffenstillstandsverhandlungen bereitfinden sollte, um dem »Leiden auf beiden Seiten« ein Ende zu machen, dann erkennen sie die politischen und militärischen Konsequenzen nicht. Möglicherweise, weil sie sich nicht auskennen, wahrscheinlich aber auch, weil sie sich nicht in die Lage der Ukraine versetzen. Warum kann sie solchen »friedenschaffenden« Vorschlägen nicht zustimmen? Wenn Verhandlungen beginnen, würde der Frontverlauf für deren Dauer eingefroren. Das heißt, Russland hätte eine Menge Zeit, um in den annektierten Gebieten seine Interessen durchzusetzen, die dort lebenden Ukrainer zu »russifizieren«, Verschleppungen durchzuführen und anderes mehr. Die Ukraine könnte diese Entwicklung auf keinen Fall zulassen.

Es geht also nicht, wie manche Politiker und Kommentatoren hier im Westen glauben, um ein bisschen guten Willen der Ukraine, sondern um nationale, humanitäre und verfassungsrechtliche Grundfragen, die nicht durch einen »Handel« gelöst werden können. Die strategischen, über diesen bilateralen Krieg hinausreichenden Aspekte, wie etwa der Verstoß einer Großmacht gegen internationale Regeln und die Ermutigung anderer Mächte, solche Methoden ebenfalls anzuwenden, kämen noch dazu.

Wenn das Ziel Russlands ist, die Ukraine zu vernichten, und das Ziel der Ukraine darin besteht, nicht vernichtet zu werden, dann kann es keinen Mittelweg und keinen Kompromiss geben.

Zum Glück treten solche existenziellen Situationen im Leben der meisten Menschen selten oder nie auf. Aber es gibt eben viele andere, bei denen Kompromisse möglich, nötig und sinnvoll sind. Bei aula arbeiten wir daran, die Kompromissfähigkeit zu trainieren. Für viele ist es eine schwierige Aufgabe, aber der Lohn ist eine Verhaltenskompetenz, mit der sie die vielfältigen Situationen des normalen Lebens bewältigen können, auch später als Erwachsene. Denn gerade wenn ich so brenne für eine Idee, fällt es schwer, Abstriche zu machen. Ich habe mir etwas ausgedacht, dazu recherchiert, Material herbeigeschafft, ich habe mein Herzblut hineingesteckt, dafür geworben – und dann lassen sich nicht alle Schulkameraden davon überzeugen. Entweder finden sie die Idee verbesserungswürdig oder sie bevorzugen einen ganz anderen, einen konkurrierenden Vorschlag. So oder so: Ich muss ein bisschen Abstand nehmen. Von dem, was ich mir gewünscht oder ausgedacht habe, und von dem, was ich mir als Ziel gesetzt habe. Ob ich das gut oder nicht so gut schaffe, ist eng damit verknüpft, wie sehr ich emotional von einer Sache oder einer Entscheidung abhänge. Die meisten von uns machen sich nicht immer klar, wie sehr ihre Emotionen ihre Einschätzung bestimmen. Oft glauben sie fälschlicherweise, dass sie nur auf der rationalen Ebene agieren, dass also ihre Argumente die besseren sind und trotzdem nicht durchdringen. Das macht wütend.

Um kompromissfähig zu sein, muss ich mir also darüber klarwerden, wie sehr ich emotional von meiner Idee bestimmt bin. Ich muss meinen Bedürfnissen auf den Grund gehen, meine eigenen inneren Geschichten überprüfen. Bin ich diejenige, die einen Gebetsraum in der Schule einrichten will, weil ich wirklich unbedingt in der Mittagspause beten will? Oder geht es letztlich darum, dass ich ab und zu mal Ruhe brauche, einen Rückzugsort von den trubeligen, lärmerfüllten Klassenzimmern? Wenn in Wahrheit das mein Bedürfnis ist, kann ich den Gegnern eines religiösen Raums in der Schule entgegenkommen. Ein Ort der Stille kann für jeden von Vorteil sein und erfordert kein Bekenntnis. Auch Nicht-Gläubige können den Wunsch nach Ruhe und Sammlung nachvollziehen – und beten kann ich darin für mich ja trotzdem.

Wenn wir uns auf diese Art ein wenig von unseren emotionalen Bedürfnissen emanzipieren können, ist viel gewonnen. Weil wir den Transfer schaffen von »meine Idee ist perfekt« hin zu »wir wollen die Schule für alle besser machen«. Und das Bessermachen gelingt eben mit einem Kompromiss. Wenn ich selbst emotional nicht mehr so angespannt bin, fällt es mir leichter, ins Gespräch einzutreten. Ich kann differenzieren: Dieser Aspekt ist mir sehr wichtig, aber auf jenes Element kann ich notfalls verzichten. Ich kann also meine Wünsche priorisieren – eine wichtige Fähigkeit für den Umgang mit anderen Konzepten. Der Vorteil an aula ist, dass durch die lange deliberative Phase, also das Sprechen und der Austausch auf vielen Ebenen und mit vielen verschiedenen Menschen, quasi von selbst schon Spannung und Aggressivität aus der Situation herausgenommen werden. Es geht ja lange Zeit nicht um Entweder-Oder, sondern um Präsentieren, Sammeln, Verändern, Verbessern. Jeder, der eine Idee eingereicht hat, »gewöhnt« sich in einem langsamen Prozess daran, dass sein Vorschlag andere Formen annimmt, auch solche, die er zunächst nicht auf dem Schirm hatte. Vielleicht verändert sich sogar die Zielsetzung. Er hat Zeit, sich zu hinterfragen, er kann selbst an der Verbesserung mitarbeiten.

Darin unterscheidet sich aula fundamental vom Prinzip eines

Volksentscheids oder von manchen Bürgerinitiativen, die zu einer Abstimmung aufrufen. Es gibt bei aula nicht lediglich eine Ja- oder Nein-Entscheidung, friss oder stirb, sondern der ganze Prozess ist ein einziges Beteiligungsfeld. aula ist die Verkörperung des Konsensualprinzips. Es geht eben nicht nur um die Alternative A oder B, nicht darum, dass eine gewisse Anzahl von Beteiligten am Ende zähneknirschend die Lösung akzeptiert, die die Mehrheit befürwortet hat. Sondern darum, gemeinsam die Alternative C zu entwickeln. Das ist der riesengroße Vorteil von aula.

Bei allem Konsensstreben: aula ist keine »Laberbude«, in der so lange geredet und verhandelt wird, bis sich alles in Luft auflöst. Am Ende des Prozesses steht immer eine Abstimmung. Diese Abstimmung ist fundiert, das heißt, jeder hat sich eine Meinung bilden können, jeder hatte die Chance, seine Interessen kundzutun. Vielleicht hat es nur eine Idee zur Abstimmungsreife geschafft, vielleicht stehen zwei oder mehr Vorschläge zur Wahl, die sich konträr zueinander verhalten. So oder so: Alle Widersprüche waren von Anfang an sichtbar, entweder als Einwände oder eben als Gegenidee. Alle Bedenken wurden behandelt, alle Zusatzwünsche besprochen. Es geht also nie um die direkte Abstimmung nach dem Motto: Der Bessere gewinnt. Sondern immer darum: Was nützt allen oder den meisten von uns und welche Interessen von Minderheiten müssen wir berücksichtigen? Ich erinnere an das Beispiel des Klassenhamsters. Nahezu alle waren dafür, einen Hamster anzuschaffen. Aber der eine Schüler, der eine Allergie gegen Hamster hatte, wurde nicht übergangen. Alle haben Rücksicht auf sie genommen und sind von der ursprünglichen Idee abgerückt.

Nicht nur der Ideengeber profitiert, wenn er sich über seine Bedürfnisse klar wird. Oft wird durch einen Einwand eine neue Seite für die ganze Klasse oder sogar die Schule aufgeschlagen. Wenn es etwa darum geht, dass jemand ein Fußballtor auf dem Schulhof aufbauen will, und es Protest gibt, dann könnte sich in der Debatte herausstellen, dass zwar nicht alle Fußballfans sind, sich viele jedoch in der Pause gern sportlich betätigen würden. Auf dem Hof fänden allerdings kaum Geräte Platz, wenn man auch noch genügend Raum für diejenigen übrig lassen will, die nur spielen oder abhängen wollen. Aber der kaum genutzte, leicht gammelige hintere Hof könnte auf Vordermann gebracht und besser ausgestattet werden. Mit einem Basketballkorb, einer Slackline zum Balancieren, einer Tischtennisplatte – und einem Fußballtor!

Langfristig denken

Wer eine Idee hat, möchte in der Regel, dass sie bald umgesetzt wird. Er denkt vor allem in der Gegenwart. Für demokratisches, gemeinsames Handeln reicht das aber nicht. Mindestens zwei Phasen sind zu berücksichtigen: die unmittelbare Zukunft, in der wir ein Projekt verwirklichen wollen, und die weiter vorausliegende Zukunft, in der ein Projekt unabhängig von uns weiter existieren kann oder soll. Alle Vorschläge, egal wie einfach oder anspruchsvoll sie sind, weisen also über den Moment hinaus. Was passieren muss, damit aus einer Idee Realität wird, behandele ich später noch ausführlicher. An dieser Stelle geht es mir vor allem darum zu zeigen, dass die Schüler Verantwortung für die Zukunft übernehmen müssen, wenn sie eine Veränderung in Gang setzen.

Die Kardinalfragen lauten: Nützt eine Sache auch denen, die

nach uns kommen? Und vor allem: Wer kümmert sich nach uns um unser Projekt? Bei kurzlebigen Projekten spielt das nicht so eine große Rolle, aber bei größeren Einrichtungen, die über Jahre bestehen bleiben, sieht die Sache ganz anders aus. Sich in diesem Sinne dem Gedanken an die Zukunft zu stellen, erfordert – wie schon die Kompromissfähigkeit –, von seinen eigenen Bedürfnissen abstrahieren zu können, sie zu überschreiten. Eine Klasse will etwa einen Fahrradständer anschaffen. Es muss auf jeden Fall vorher geklärt werden, wer sich darum kümmert, wenn Schäden auftreten, etwa Rost, und wer die Reparatur bezahlt. Wer hält den Ständer sauber? Wer kümmert sich darum, dass vergessene Gammelräder abmontiert werden? Müssen wir als Initiatoren der Idee das machen oder ist es Aufgabe der Schule, die ja schließlich davon profitiert, dass die Räder ordentlich verstaut sind und nicht wild herumliegen? Wenn die Schule das übernimmt: Müssen wir einen offiziellen Vertrag schließen, in dem diese Aufgaben festgelegt sind? Oder geht es auch so, wir kennen uns ja schließlich alle? Kurzum: Es gibt eine Menge zu bedenken.

Noch mehr Aufmerksamkeit und Zukunftsorientierung verlangen Projekte, die ein gewisses Eigenleben entwickeln. Das ist zum Beispiel bei Anpflanzungen der Fall. Wenn wir in die Ecke vom Schulhof einen Baum pflanzen wollen: Wie groß wird er wohl werden? Ist überhaupt genügend Platz dafür vorhanden? Wird er in ein paar Jahren die Klassenräume so verschatten, dass er wieder weg muss? Ein anderes, reales Beispiel aus einer Schule in Baden-Württemberg: Eine zwölfte Klasse mit Schwerpunkt Biologie möchte einen Kräutergarten anlegen. Wunderbare Idee, alle sind dafür. Bis die Frage aufkommt: Wer kümmert sich um die Beete, wenn wir nach dem

Abi die Schule verlassen? Ja, das wird als Problem erkannt und ausführlich besprochen. Beinahe wäre das Projekt gekippt worden, weil es alles andere als nachhaltig ist, eine Pflanzung für zehn oder zwölf Monate anzulegen. Für die einjährigen Pflanzen macht es nichts, aber es gibt ja auch mehrjährige Stauden und Sträucher. In der Klasse kommt beim Debattieren schließlich die Idee auf, das Projekt zu erweitern, und zwar um Nachwuchsarbeit. Das heißt, die elfte Klasse, vielleicht sogar auch die zehnte, wird einbezogen. Man muss dort für das Projekt werben, es ihr schmackhaft machen, damit sie zunächst quasi eine Patenschaft übernimmt, dann aber, wenn sie selbst eine zwölfte Klasse geworden ist, voll in die Verantwortung geht. Und selbst wiederum eine Nachfolgeklasse »ausbildet«.

Essenziell ist die Erfahrung, sowohl die Gegenwart als auch die Zukunft einer Idee miteinander zu verbinden. Welche Auswirkungen hätte mein Projekt heute, welche morgen? Die Schüler müssen eine Verantwortung festlegen, die über die eigene Schullaufbahn hinausgeht, die nicht an einzelne, bestimmte Menschen gekoppelt ist. Das klingt nicht nur extrem anspruchsvoll, das ist es auch. Aber das alles läuft ja in kleinen Schritten ab. Es sind sehr konkrete Fragen, die aufgeworfen und behandelt werden. Und die Motivation, diese Fragen zu klären, ist bei den Kindern und Jugendlichen sehr hoch, weil ihnen die Sache am Herzen liegt. Das ist im Prinzip schon der ganze Trick. Das Projekt entwickelt sich nach und nach, hat seine eigene Dynamik und die Kinder und Jugendlichen können jederzeit auf die Unterstützung von Erwachsenen zurückgreifen. Das heißt, es ist überhaupt nicht nötig, sofort sämtliche Details und Konsequenzen zu überblicken. Im Gegenteil, die Anforderung besteht zunächst darin, eine neue Idee zu formulieren, überhaupt erst mal eine Vision zu entwickeln, den Ist-Zustand nicht für gegeben und ewig zu halten. Was könnte denn sein? Wie könnte diese (Schul-)Welt hier aussehen? Das ist das Entscheidende, der Rest ist Dialog, bei dem die erwachsenen Moderatoren, also die Lehrer, hilfreich zur Seite stehen können.

Es machen natürlich nie hundert Prozent der Schülerschaft mit, doch es sind viele interessierte Schüler dabei, außerdem solche, die zwar eher passiv zuhören, die aber trotzdem allein aus diesem Erleben heraus eine Vorstellung von Projektentwicklung gewinnen. Auch wenn wir die Verwertbarkeit dieser Fähigkeiten nicht als Ziel verfolgen: Jedes Unternehmen freut sich, solche geübten Projektmanager zu bekommen, also junge Menschen, die in der Lage sind, kreative Problemlösungen zu entwickeln, und damit bereits persönliche Erfahrungen gesammelt haben.

Das Entscheidende ist, dass sich die Schüler mit Themen beschäftigen, die die ihren sind, für die sie sich interessieren, die in ihrem Leben eine Bedeutung haben. Wären es irgendwelche beliebigen Übungsprojekte: Es würde nicht klappen. Deshalb funktionieren meiner Ansicht nach auch simplifizierte Übungen meistens nicht vergleichbar gut, also wenn sich die Lehrkräfte »Projekte« ausdenken, virtuelle Stadtgründungen, Schülerfirmen und Ähnliches. Das kann manchmal gelingen, keine Frage, aber es hängt extrem von der konkreten Ausgestaltung ab, ob die Schüler das Projekt wirklich zu ihrem eigenen machen wollen. Bei aula ist von vornherein klar: Das geht uns tatsächlich an.

Entscheidungen treffen

Bevor durch Abstimmung endgültig entschieden wird, prüft die Schulleitung die Idee. Es geht jedoch nicht darum festzustellen, ob sie der Schulleitung *gefällt*, ob sie sie für passend zum Schulkonzept oder förderlich für die Schulgemeinschaft hält, kurz gesagt: Geschmacksurteile zählen hier nicht. Die Schulleitung prüft lediglich, ob das Projekt dem aula-Vertrag der Schule entspricht und ob es gesetzeskonform ist bzw. überhaupt in den Kompetenzrahmen der Schule fällt. Wenn der anfangs erwähnte Killerroboter es bis hierher geschafft hätte, würde er jetzt gestoppt, weil die Anschaffung nicht mit den Waffengesetzen zu vereinbaren ist. Es könnte aber auch sein, dass eine Klasse eine Idee entwickelt, die in bestehende Landesschulgesetze eingreifen würde, wie die oft formulierte Idee, den Unterricht später beginnen zu lassen. Ein solches Anliegen kundzutun ist wichtig und manche Schulen schaffen Konstruktionen wie einen fließenden Schulstart, um diesem biologisch durchaus begründeten Wunsch entgegenzukommen. Aber jede Schule stößt irgendwann an die Grenzen dessen, was sie überhaupt gestalten darf. Es ist Schülern nicht immer klar, dass das Gebäude eigentlich dem Schulträger gehört oder die Schulanfangszeit mit der notwendigen Betreuungszeit zusammenhängt oder dass es Landesgesetze gibt, die bestimmten Ideen einfach im Weg stehen.

Die Schulleitung prüft also und kommt hoffentlich zu dem Schluss: Ja, diese Idee könnte umgesetzt werden. Wenn mehrere Ideen zur Debatte stehen, gilt diese Bedingung natürlich für alle. Dann geht es an die Abstimmung. Hier gilt das Mehrheitsprinzip, es geht schlichtweg darum: Welche Idee ist beliebter? Im Vertrag klingt das ungefähr so: Ideen werden in der

Reihenfolge ihrer Beliebtheit umgesetzt, solange bei einer Idee mehr als die Hälfte aller Schülerinnen mit abgestimmt hat und solange sie keiner beliebteren Idee widerspricht. Am Ende steht also ein Ergebnis, eine von zwei konkurrierenden Ideen hat gewonnen und tritt in die Umsetzungsphase. Es kann auch vorkommen, dass mehrere Ideen in absteigender Rangfolge berücksichtigt werden. Wenn beispielsweise ein gewisses Budget zur Abstimmung steht, bekommt die beliebteste Idee daraus 500 Euro, die mit den zweitmeisten Stimmen 400 Euro und so weiter, bis das Geld aufgeteilt ist.

Jeder, der schon einmal in einem Verein oder in dem Ortsverband einer Partei, in einer Arbeitsgruppe seiner Abteilung, der Elternpflegschaft oder wo auch immer ein Projekt vorgeschlagen und ausgearbeitet hat, dann aber in der Abstimmung scheitert, weiß, dass das eine herbe Enttäuschung ist. Es beschleicht einen ein Gefühl der Vergeblichkeit, man ist persönlich gekränkt. Vielleicht sieht man auch düstere Wolken für die Institution heraufziehen, in der man sich engagiert hat, weil sich die Mehrheit sehenden Auges für das Schlechtere (also den Vorschlag eines anderen) entschieden hat. Das kann einem die Freude an Beteiligung nachhaltig vermiesen. Bei aula jedoch ist die Chance sehr groß, dass es keine Niederlage wird, wenn die Mitschüler den eigenen Vorschlag ablehnen und etwas anderes bevorzugen. Zum einen hat die eigene Idee durch die lange Besprechungsphase bereits einen gewissen Wandlungsprozess durchlaufen, was auf jeden Fall den emotionalen Stress gemindert hat. Zum anderen können sich die aula-Ideen selbst in einer Niederlage noch einmal verwandeln.

Eins meiner Lieblingsbeispiele für dieses Phänomen ist der Kaugummiautomat, den die fünften und sechsten Klassen einer Schule in Süddeutschland auf der Wunschliste hatten. Die Klassen besaßen Geld aus einer Crowdfunding-Kampagne und sammelten in einer Live-Doppelstunde Ideen, wofür sie es ausgeben könnten. Relativ schnell wurde die Anschaffung eines Kaugummiautomaten zum Favoriten. Sie überlegten, welche Art Gerät infrage käme, welcher Standort geeignet wäre, wie man das Sortiment bestimmen könnte und vieles mehr. Die Kaugummi-Fans freuten sich schon. Doch dann kam ein Beitrag, der alles über den Haufen warf. Bis dahin hatten sich sämtliche Äußerungen um den Automaten selbst gedreht, nun gab ein Junge den Hinweis: Es ist sinnlos, einen Automaten aufzustellen, da die Hausordnung bestimmt, dass in der Schule das Kaugummikauen untersagt ist. Wofür brauchen wir dann einen solchen Automaten? Nur um auf Vorrat zu kaufen? Wer will das schon, einen Kaugummi ziehen und ihn dann erst mal in die Tasche stecken, bis die letzte Schulstunde beendet ist?

Der Hinweis auf die entgegenstehende Hausordnung war ein harter Schlag. Nach der ersten Irritation änderten die Kinder die Strategie. Wenn die Hausordnung das Hindernis darstellte, dann musste man eben zuerst da ran und den Paragraphen ändern. Große Beratungen fanden statt, ob der aula-Vertrag der Schulkonferenz das wohl erlauben würde. Die Gemeinschaft kam zu dem Schluss, dass nichts dagegen spräche. Die Änderung der Hausordnung war per aula-Vertrag erlaubt. Die eindeutige Mehrheit tendierte zur Abschaffung des Verbots. Es war naheliegend und erwartbar, dass die Versammlung das Verbot kippen würde. Auch die Lehrkräfte rechneten damit, weil sie davon ausgingen, dass die Kinder eine Aversion gegen Verbote hatten und die Chance nutzen würden, eins davon loszuwerden.

Doch dann erhob sich aus der großen Anzahl von Teilnehmern, die überwiegend derselben Ansicht waren, eine Gegenstimme. Ein Mädchen meldete sich. Seiner Ansicht nach gebe es auch einiges, was zugunsten des Kaugummiverbots spreche. An anderen Schulen sehe man, wie schnell die Räume und ihre Einrichtungen verlotterten. Überall klebten ausgekaute Gummis, unter den Tischkanten, an den Stühlen, auf den Fluren bretthart eingetreten. In Nullkommanichts sähe die Schule verwahrlost aus. Nichts, worauf man stolz sein und sich an einem Tag der offenen Tür präsentieren könne. »Wenn an allen anderen Schulen die Tische und Bänke sauber sind und unter unseren neuen Möbeln kleben Kaugummis – was sollen denn dann die Leute denken?«, fragte sie.

Bemerkenswert an der Situation finde ich zweierlei. Zum einen den Mut des Mädchens. Denn auch wenn die Regel lautet, dass mit Minderheitsmeinungen respektvoll umgegangen werden soll, muss man schon sein Herz in die Hand nehmen, um vor einer großen Gemeinschaft zu sagen: Leute, ich sehe das aber vollkommen anders als ihr. Eine Gegenrede zu halten, wenn sich so gut wie alle einig sind, ist wirklich tapfer. Zum anderen ist beeindruckend: die Bereitschaft der Versammlung, sich Gegenreden anzuhören, obwohl ja »eigentlich« schon alles klar ist. Selbst wenn es einen gewissen Unwillen gegeben haben mag (»die jetzt wieder«), war ersichtlich, dass der Einwand nicht einfach beiseite gewischt werden durfte. Es entspann sich nun also eine erneute Diskussion über die Vor- und Nachteile des Kaugummiverbots in der Schule. Auch diejenigen, die bisher eher zurückhaltend oder unentschieden waren, beteiligten sich. Am Ende gab es eine Abstimmung und das Ergebnis hätte man sich kurze Zeit zuvor nicht vorstellen können: Mit großer Mehrheit stimmte die Versammlung dafür, das Kaugummiverbot in der Hausordnung zu behalten und auf einen Kaugummiautomaten zu verzichten.

Äußerlich mag es so aussehen, als hätten die Freunde des Kaugummiautomaten eine bittere Niederlage erlitten. Aber das stimmt nicht, auch von ihnen haben viele dafür gestimmt, das Verbot aufrechtzuhalten. Und man mag vielleicht ebenso denken: Wofür der ganze Aufwand, im Ergebnis ist doch alles wie vorher. Doch auch das stimmt nicht. Die Situation ist eine komplett andere. Die Kinder befolgen von nun an eine Regel, die ihnen nicht vorgesetzt wurde, sondern die sie sich aus freien Stücken selbst gegeben haben. Sie halten sich daran, weil sie sie als sinnvoll erkannt haben.

Dass es zu diesem Ergebnis gekommen ist, zeigt aufs Wunderbarste die Stärken der Demokratie. Zunächst befanden sich die Kinder auf der simplen Schiene: Kaugummiautomat ist klasse, wollen wir haben, her damit. Doch aufgrund der klaren Regeln und des angstfreien Raums, in dem eine Debatte stattfinden kann, hört die Mehrheit die eine Gegenstimme und nimmt sie ernst. Diese Stimme weist auf Konsequenzen hin, die in der euphorischen Erwartung des Kaugummiautomaten niemand auf dem Schirm hat. Das wiederum ermutigt weitere und die Debatte verändert schließlich die Meinung vieler. Mit demokratischen Verfahren ist es möglich, nachhaltigere Ideen zu entwickeln, weil viele Köpfe beteiligt sind und dadurch mehr Aspekte überhaupt zur Sprache kommen können als bei der einsamen Entscheidung eines Einzelnen oder einer kleinen Gruppe. Es ist einfach eine Frage der mathematischen Wahrscheinlichkeit, dass bei größeren Gruppen die Varianz der Einschätzung und Argumente umfangreicher ist.

Ob eine Idee es nun mit Hilfe vieler schafft oder ob sie abgelehnt wird: So oder so leisten alle gute Arbeit. Auch enorme Mühen lohnen sich, weil sie produktiv wirken, selbst wenn die Idee scheitert. Dieser Einsatz ist gut, weil das produktive Wirken den Menschen verändert – und seine Umwelt auch.

Bei aula wird mit diesen Erfahrungen die Brücke zum eigenen Leben geschlagen, außerhalb der Schule und lange danach. Wir sind ja persönlich ständig mit Problemen konfrontiert, die einen gewissen Umfang angenommen haben, und uns manchmal wie ein Berg den Weg versperren. Die erste Reaktion ist oft: »Meine Güte, wo soll ich hier überhaupt anfangen? Das ist alles zu viel für mich.« Wer aber Erfahrungen mit Komplexität gesammelt hat, fürchtet sich in der Regel nicht mehr so davor, weil er weiß, dass anfangs alles vertrackt und schwierig aussieht, dass man aber immer irgendwo einen Anknüpfungspunkt findet. Und auch jemanden ins Boot holen kann, um nicht allein mit einer großen Sache fertigwerden zu müssen. Komplexität ist dann nicht mehr automatisch ein Problem, und man muss im Stress auch nicht auf einfache »Lösungen« zurückgreifen. Sondern man schaut in relativer Gelassenheit, ob überhaupt etwas möglich ist und wo »etwas geht«. Nebenbei: Es kann auch ein schönes, staunenerregendes, spannendes Erlebnis sein, zu erfahren, wie viele zunächst verborgene Aspekte eine Sache, eine Idee, ein Projekt aufweist und wie viel daran zu entdecken ist. Es erweitert den Horizont und trägt dazu bei, den Hürden auf dem Lebensweg etwas optimistischer zu begegnen.

Weiter wachsen und die Welt verändern

Sich etwas wünschen und Ideen dafür entwickeln ist das eine. Das andere aber ist: Wie wird aus diesen Ideen Wirklichkeit? Wie fangen sie im wahrsten Sinne des Wortes an zu »wirken«? Von selbst leider nicht. Das ist eigentlich eine banale Erkenntnis, trotzdem nicht immer ganz leicht auf sich selbst zu beziehen. Oft neigen wir dazu zu glauben, dass sich das Gute schon durchsetzen wird. Schließlich sind ja auch andere bereits überzeugt und deshalb wird sich alles mehr oder weniger von selbst ergeben. Aber so funktioniert es nicht. Brutal gesagt: Demokratie ist kein Wunschkonzert und wer Einfluss auf seine Situation oder die der Gemeinschaft nehmen will, muss sich ins Zeug legen, daran führt kein Weg vorbei. Das erfordert eine gewisse Anstrengung und Durchhaltevermögen, um die meist öden Strecken hinter sich zu bringen. Aber: Die Mühe lohnt. Weil wir unsere kleine Welt ein wenig verbessern können und letztlich damit auch die große.

Handeln

Wie setze ich mein Projekt um? Das ist die Frage, vor der alle Schüler stehen, die eine Idee in die Box eingestellt und genügend Zustimmung für ihre Realisierung erhalten haben. Oft ist schon ein Teil des Projektplans in der Debattenphase vor der Abstimmung entstanden. Meist müssen aber die konkreten Maßnahmen zu Beginn der Realisierungsphase erst noch festlegt werden. Es beginnt damit, die Reihenfolge der einzelnen Schritte zu klären sowie einen halbwegs zuverlässigen Zeitplan zu entwickeln. Da die Ideen in der Regel nicht nur von einer Person vorangetrieben werden, sondern von mehreren, ist Arbeitsteilung eine Erleichterung, das heißt: Es ist sinnvoll, Zuständigkeiten festzulegen. Oft haben die Kinder Vorlieben für eine bestimmte Aufgabe, und die Arbeit gliedert sich fast von selbst. Manchmal aber gibt es Gerangel, wenn zu viele einen Teilbereich übernehmen, sich bei anderen aber zu wenige engagieren wollen. Dann üben die Kinder bei der Lösung dieser Frage bereits, wie sie Aufgaben gerecht oder sinnvoll verteilen können: nach Fähigkeiten und Kapazitäten, Wünschen, Ansprüchen oder nach anderen Kriterien, die ihnen einfallen.

Ein Paradebeispiel für sukzessive Planung und arbeitsteilige Umsetzung ist die Lindenbaum-Aktion des Rupert-Neudeck-Gymnasiums in Nottuln. Auslöser war ein Workshop, in dem sich der Biologie-Differenzierungskurs der achten Klasse mit den praktischen Aspekten des Klimaschutzes beschäftigte. Daraus entstanden kleinere Projekte wie eine Klimabäckerei und ein Klimaquiz. Eine Gruppe wollte darüber hinaus etwas Bleibendes schaffen und kam auf die Idee, einen Baum auf dem Schulgelände zu pflanzen. Konkretere Vorstellungen gab es zunächst nicht. In der aula-Box tauschten die Jugendlichen weitere Ideen dazu aus und entwickelten Kriterien für den Baum. Schließlich sollte es ja ein Beitrag zum Klimaschutz werden, da kam nicht jede Baumart gleichermaßen in Frage. Ausführliche Recherchen folgten, außerdem bezogen die Schüler externe Expertisen ein. Sie baten den Technischen Leiter Grünflächen der Gemeindewerke um Beratung. Schließlich fiel die Wahl auf eine Sommerlinde. Warum? Sie speichert große Mengen an CO_2, bietet Nistgelegenheiten, Schutz und Nahrung für Tiere, insbesondere Bienen und Hummeln, und leitet durch das herabfallende Laub Nährstoffe in den Boden.

Und nicht zu vergessen: In ein paar Jahren wäre die Linde groß genug, um Schatten zu spenden, wenn die Schüler im Sommer ihre Pausen und Freistunden draußen verbringen wollen. Sie versprach also dreifachen Nutzen: für die Umwelt, für die Schule insgesamt und für die Schüler der kommenden Jahrgänge.

Die Abstimmung verlief eindeutig. Mit Hilfe einiger Eltern beschaffte die Gruppe den Baum, das Geld dafür kam aus einem Crowdfunding und wurde über aula bereitgestellt. So war eigentlich alles in trockenen Tüchern, und man hätte die Linde einfach einpflanzen können.

Interessant ist jedoch, dass die Schüler von Anfang an darauf bedacht waren, nicht nur für sich zu arbeiten, sondern eine »Mission« verfolgten. Sie wollten darauf aufmerksam machen, dass jeder Mensch auf seine Weise etwas für die Umwelt tun kann, zum Beispiel durch bewussten Konsum oder eben das Pflanzen eines Baums. Sie wollten deshalb eine größere Öffentlichkeit erreichen als lediglich die schulinterne. Dafür war die Presse-AG zuständig. Ein Mitglied hatte bereits einmal bei einer Spendenaktion mitgemacht und kannte daher einen Vertreter der Lokalpresse, den es ansprechen konnte und der eine Veröffentlichung zusagte.

Am Pflanztag veranstaltete die Gruppe ein richtiges kleines Event, hatte außer sämtlichen Klassenkameraden auch Lehrer und Eltern eingeladen und betonte in einer Ansprache ihre Auswahl und ihr Anliegen: »Jeder kann etwas für das Klima tun!« Für die Zukunft war auch gesorgt: Die Garten-AG übernahm die über den Tag hinausreichende Aufgabe, sich um den Baum zu kümmern und ihn regelmäßig zu gießen. Kontinuität war gewährleistet, weil hier stets Schüler verschiedener Jahrgänge vertreten waren, neue »Gärtner« also immer wieder heranwuchsen. Soweit ich weiß, war die Aktion so erfolgreich, dass in den Jahren danach weitere Bäume gepflanzt wurden und ein richtiger kleiner Lindenhain entstand.

Besonders bedeutend erscheint mir bei diesem Projekt, dass die Trennung zwischen Schule und »Außenwelt« aufgehoben wurde. Die Gruppe bezog den Vertreter der Gemeinde ein und sorgte außerdem für Öffentlichkeitsarbeit. aula kann also einiges dazu beitragen, dass die Grenzen zwischen Innen und Außen durchlässiger werden. Aber das reicht natürlich nicht. Letztlich muss die bessere Verbindung der beiden Sphären auf anderer Ebene hergestellt werden. Derzeit kommen Schule und Leben selten miteinander in Kontakt, sie existieren nebeneinander her. Das ist schlecht, das wissen wir schon seit Seneca, »nicht für das Leben, sondern für die Schule lernen wir«. Achtung: Häufig hören wir diesen Satz in der umgedrehten Version, »nicht für die Schule, sondern für das Leben …«. Damit soll ausgedrückt werden, dass der Lernstoff, mit dem man sich in der Schule beschäftigt, auf jeden Fall nützlich für später sei, auch wenn es in der aktuellen Situation nicht unbedingt einleuchten mag. Ich bezweifle diese Behauptung und halte mich lieber an die Originalaussage von Seneca. Er beschwerte sich mit diesem Satz nämlich über die Philosophenschulen Roms, die keineswegs auf das Leben vorbereiteten, sondern schlimmer noch den Schülern das Denken schwermachten. »Kinderspiele sind es, die wir da spielen. An überflüssigen Problemen stumpft sich die Schärfe und Feinheit des Denkens ab.«[7] Also

7 Veni Vidi Vici. Geflügelte Worte aus dem Griechischen und Lateinischen, übersetzt von Klaus Bartels, Mainz 2006

modern ausgedrückt: Die Praxisferne und die Laborsituation der Schule bereiten die Kinder nicht angemessen darauf vor, das Leben außerhalb der Schule zu bewältigen.

Schulen erinnern oft an Inseln, die umgeben sind von einem wenig befahrenen Meer und deren Nachbarinseln man kaum kennt, geschweige denn ihre Bewohner. Es ist sinnvoll, dass Schule in einem eigenen Gebäude stattfindet, doch das darf nicht isolierend wirken. Es muss wirklich nicht jede Form von Lernen dort stattfinden. Und auch die Lehrer sollten nicht immer dieselben sein, stattdessen sollten Externe das Kollegium der Schule ergänzen, vielleicht auch mal korrigieren. Es bräuchte mehr Expertise von außen, nicht nur als Ausnahme-Gastspiel, sondern in Form eines regelmäßigen Austauschs. Außerdem sollte Schule in See stechen, ihre Insel verlassen und verschiedene Unternehmen oder Werkstätten besichtigen, sich anschauen, wie alltägliche oder besondere Dinge hergestellt werden, sich mit unterschiedlichen Experten unterhalten, Menschen besuchen und aus deren Erfahrungen lernen, beispielsweise über ein Leben mit Behinderung oder als Angehöriger einer Minderheitenreligion. Warum zum Beispiel musste ich mir von meiner katholischen Religionslehrerin das Judentum erklären lassen? Da hätte es wahrscheinlich Berufenere gegeben. Wenn dieser Außenbezug regelmäßig stattfände und klar geregelt wäre, hielte sich der Aufwand in Grenzen und die Organisation würde den Beteiligten keinen besonderen Stress bereiten. Ein Sprichwort sagt: »Es braucht ein Dorf, um ein Kind zu erziehen.« Die Schule allein kann dieses Dorf jedoch nicht ersetzen.

Ja, und die Eltern? Die sind doch auch noch da! Stimmt. Und

es ist gut, wenn ein Kind unterstützende, fürsorgliche Eltern hat. Aber es ist auch gut und notwendig, dass sich ein Kind außerhalb des häuslichen Rahmens bewegt. Nicht nur, um anderes Wissen oder Erfahrungen zu sammeln, sondern in erster Linie um einen Rollenwechsel zu vollziehen. Um nicht mehr Sohn oder Tochter zu sein, sondern Leon oder Natascha, Cem oder Emily. Es ist ganz erstaunlich, wie sehr allein die Veränderung des Orts – raus aus den häuslichen vier Wänden – und die andere personale Umgebung – ohne Eltern, stattdessen mit Schulkameraden, Lehrern, Trainern usw. – auch eine Veränderung des Verhaltens bewirken. Genauer gesagt: Sie fördern eine bereits angelegte Eigenheit der Kinder zutage.

Als Mutter oder Vater vergessen wir oft, dass die Kinder »auch noch ganz anders können«. Viele Eltern sind verblüfft, wenn sie auf einem Elternsprechtag hören, dass ihr schüchterner Sohn in der Schule ein veritabler Draufgänger ist. Oder die gegenüber den Geschwistern immer herrisch auftretende Tochter die Mediatorin der Klasse. Manchmal verstehen die Eltern das nicht, sie können es nicht glauben. Dabei ist dieser Wechsel im Verhalten ja gar nicht gegen sie gerichtet, die Kinder verstellen sich weder zu Hause noch in der Schule. Sie nutzen vielmehr die Chance, in einem anderen Kontext Seiten von sich zur Geltung zu bringen oder zumindest auszuprobieren, die sonst, aus welchen Gründen auch immer, nicht so gefragt oder erfolgreich sind. Manche Eltern beunruhigt jedoch der Gedanke, dass es Sphären gibt, in denen ihre Kinder ohne sie agieren. Befreundete Lehrer erzählen mir gelegentlich hanebüchene Geschichten, wie Eltern versuchen, ihre Fürsorge, möglicherweise auch Kontrolle über die Kinder, über den häuslichen Bereich hinaus auf die Schule auszudehnen. Etwa indem sie häufig am Schultor oder sogar vor der Tür des Klassenzimmers auftauchen, um »vergessene« Butterbrote nachzureichen oder eine Jacke zu bringen, weil der Wetterbericht für 15 Uhr Regen ankündigt, also für die Zeit, zu der sich der Sprössling auf dem Heimweg befinden wird.

Die meisten Kinder wechseln ihre Rolle unbewusst und beiläufig. Ich habe das jedoch jahrelang mit voller Absicht gemacht. Mein Schulweg war lang, ich fuhr mit dem Bus zwanzig Stationen. An der zehnten Haltestelle stand ein Container für Altkleider. Dahinein warf ich gedanklich meine Zu-Hause-Marina und holte meine Schul-Marina heraus. Wenn ich wieder zurückfuhr, machte ich es umgekehrt: Schul-Marina rein, Zu-Hause-Marina raus. Mich trieb weniger die Experimentierlust als die reine Not. Denn das Normensystem meiner Eltern und das der Schule standen in scharfem Gegensatz zueinander. Sie passten nicht zusammen und deshalb konnte ich einfach hier und dort nicht dieselbe Person sein. Meine Mutter achtete beispielsweise extrem penibel darauf, dass ich die Hausaufgaben wirklich ordentlich machte, sauber geschrieben, fehlerlos. Oft riss sie Seiten aus meinem Heft, wenn sie die Handschrift liederlich fand, und ich musste alles noch mal anfertigen. Sie predigte mir ausdauernd, dass Sorgfalt vor Schnelligkeit gehe. In der Schule jedoch kam es darauf an, die Aufgaben im vorgesehenen, knapp bemessenen Zeitraum zu erledigen. Mit Schönschrift kam man da nicht weit. Ich war immer zu langsam und wurde dauernd ermahnt: »Marina, nun mach mal voran, damit du endlich fertig wirst.« »Marina, warum brauchst du denn so lang? Es kommt auf die Lösung an, nicht auf die Optik.« Es klingt vielleicht nach einer trivialen Geschichte, doch mich hat es ziemlich belastet. Solche Dissonanzen können bei Kindern zu einer tiefen Verunsicherung führen. Es geht bei diesen unterschiedlichen Prioritäten nur vordergründig um Kleinkram. Die eigentliche Botschaft lautet: Die Anforderungen der Welt sind andere als die meiner nächsten Bezugspersonen. Das stürzt einen, insbesondere wenn man noch klein ist, in heftige, nahezu unlösbare Konflikte.

Dass meine Mutter keine Lerneffekte in Bezug auf ihre Kriterien verzeichnen konnte, lag allerdings auch an mir, das muss ich zugeben. Wenn sich meine Lehrerin auf den Elternsprechtagen bei ihr beklagte, dass ich immer zu langsam sei und die Aufmerksamkeit auf die falschen Dinge richtete, nämlich auf Schönheit statt auf Lösung, bekam meine Mutter das nicht mit. Sie sprach nämlich noch so gut wie kein Deutsch. Ich übersetzte also. Aber natürlich so, dass ich möglichst gut dastand. Die Beschwerden meiner Lehrerin ließ ich weg oder wandelte sie in neutrale Formulierungen um, manchmal auch in lobende. Das hing ganz von ihrem Gesichtsausdruck ab, der musste halbwegs zur jeweiligen, von mir verfassten Botschaft passen.

Auch wenn das Ganze nicht immer die Dimensionen annimmt wie bei mir damals: Rollenwechsel und eigenes Handeln in der Schule lassen Kinder und Jugendliche unabhängiger von den »herrschenden« Wertesystemen werden. Sie machen sich die Maßstäbe ihrer Eltern und ihrer Lehrer vielleicht zu eigen, entwickeln sie im praktischen Vollzug aber weiter und übernehmen sie nicht nur als vorgegebenen Rahmen. Sie finden ihre eigene Position zur Welt und bleiben nicht auf dem für sie vorgesehenen Fleck stehen. Das ist extrem wichtig für sie selbst und für die Gesellschaft, in die sie hineinwachsen.

Denn wenn Kinder und Jugendliche in der Schule selbst gewählte und ausgearbeitete Projekte verwirklichen, dann *handeln* sie in einem fundamentalen Sinne.

Hannah Arendt, eine der wichtigsten Denkerinnen der politischen Theorie, sah im Handeln eine der drei menschlichen Grundtätigkeiten, neben dem Arbeiten und dem Herstellen. In ihrem Werk *Vita activa oder Vom tätigen Leben* legt sie dar, wie das Politische und das Handeln zusammenhängen. Das Handeln-Können und -Wollen, so sagt sie, ist etwas, das uns qua Geburt mitgegeben ist. Wir schalten uns damit in eine Welt ein, die schon vor uns existierte. Wir nehmen mit dem Handeln (und dem Sprechen) gleichsam die Verantwortung für unsere Geburt auf uns. »In diesem ursprünglichsten und allgemeinsten Sinne ist Handeln und etwas Neues Anfangen dasselbe.«[8] Durch diese grundsätzliche Fähigkeit eines jeden Menschen, etwas Neues hervorzubringen, einen Anfang zu schaffen und andere zum Mithandeln zu animieren, verändert sich das Zusammenleben und somit der politische Raum. »So steht das Handeln nicht nur im engsten Verhältnis zu dem öffentlichen Teil der Welt, den wir gemeinsam bewohnen, sondern ist diejenige Tätigkeit, die einen öffentlichen Raum in der Welt überhaupt erst hervorbringt.«[9] Wenn wir also die Kinder und Jugendlichen vom Handeln nicht abhalten, sondern sie dazu ermutigen, diese Fähigkeit zu entfalten, dann entsprechen wir ihrer natürlichen Begabung. Und wir bereiten sie darauf vor, in Zukunft ihre und unsere Welt gestalten zu können.

---

8 Hannah Arendt: *Vita activa oder Vom tätigen Leben*, München 1981, S. 166
9 a. a. O, S. 191

»Weltsensation: neue Erkenntnisse über die Titanic!«, »Schockierende Fotos von Taylor Swift«, »TikTok: soll verboten werden«. Solche oder ähnliche Schlagzeilen kennt jeder, der soziale Medien oder die Online-Ausgaben von privaten Nachrichtensendern und Zeitungen nutzt. Eine vielversprechende Überschrift, ein Klick und dann – nichts, zumindest nichts Besonderes. Das Versprechen erfüllt sich nicht. Es wurde zwar Spannung im Sinne von Suspense aufgebaut, wie in einem Krimi. Aber wenn man geklickt hat, ist der »Täter« schon weg, sofern es ihn überhaupt je gegeben hat. Die neuen Erkenntnisse über die Titanic sind frei erfunden, die Fotos von Taylor Swift belanglos und schon seit Jahren in Umlauf und das TikTok-Verbot stellt sich als Stoßseufzer eines Managers vom Konkurrenten Shorts heraus. Ich klicke also etwas anderes an, in der Hoffnung, dass die Headlines dieses Mal halten, was sie mir versprochen haben. Und so geht es weiter. Der Effekt besteht darin, dass ich zwar nicht zufriedengestellt bin, meine Klicks sich für den Anbieter jedoch auszahlen. Und für die Algorithmenbildung ist deutlicher geworden, worauf ich reagiere. Es ist also zu erwarten, dass ich bei neuen Suchanfragen schneller auf Seiten geführt werde, die noch mehr von meinen bevorzugten Schlagzeilen oder Themen bieten.

So wird einerseits eine Spannung aufrechterhalten, die unproduktiv für mich als Nutzer ist, weil ich mich nicht in einer inhaltlichen Auseinandersetzung befinde, sondern nur mit innerlichem Abhaken beschäftigt bin. Andererseits wird aber zugleich Spannung reduziert, ich werde immer seltener mit einer Nachricht konfrontiert, die mich wirklich aufregen könnte. Schließlich bin ich Konsument dieses Angebots, und wenn ich mich aufrege, ist das ein Problem für das gewinnorientierte Unternehmen, in dessen Sphären ich mich bewege. Sagen wir einfach: Es ist schlecht fürs Geschäft. Sollte ich mich aber aus irgendeinem Grund doch herausgefordert fühlen, kann ich den Druck ganz schnell abbauen, indem ich Kommentare schreibe, die quasi keiner Qualitätskontrolle unterliegen, die sogar ordinär und verächtlich sein können.

So oder so: Als Konsument reagiere ich auf einen Trigger, schnell, ohne Mühe, ohne Nachdenken, ohne schlechtes Gewissen. Was mir nicht passt oder meine Wünsche nicht sofort erfüllt, klicke ich weg. Ich setze mich nicht auseinander, ich sortiere aus. Es ist ein Verhalten, das sich auf alles überträgt, auch auf Bereiche, die nicht der Konsumlogik unterliegen sollten, zum Beispiel Beziehungen. Ich sehe das auf TikTok und anderen Plattformen. Es hat sich eine Kultur von Red Flags oder Daumen runter entwickelt, die Menschen gleichsam verdinglicht. Produktkriterien werden an Menschen angelegt. Wenn der mögliche neue Partner unter einer bestimmten Körpergröße ist: nach links wischen und weg. Wenn mein Freund nicht (mehr) zu hundert Prozent meinen Erwartungen entspricht: rasch abstoßen, einen anderen probieren. Wie bei einem Waschmittel: Es gibt sicher eins, das noch weißer wäscht.

aula gleicht zwar der äußeren Form nach den sozialen Medien. Die innere Konstruktion ist jedoch vollkommen anders. Hier geht es eben nicht um die schnelle, oberflächliche Befriedigung emotionaler Bedürfnisse, sondern um die mittel- und langfristige Befähigung zum eigenen Handeln. Das ist der fundamentale Unterschied: Auf anderen Plattformen bin ich Konsument, unter Umständen sogar Opfer, auf jeden Fall beeinflusse ich die Verhältnisse nicht. Auf aula bin ich der

(Mit)Gestalter. Ich kann Einfluss geltend machen, allerdings muss ich dafür arbeiten. Das ist der Knackpunkt. Normalerweise spielt das anfangs keine große Rolle, die meisten Klassen oder Stufen stürzen sich mit Begeisterung in den aula-Prozess und initiieren großartige Projekte. In der Wilde-Ideen-Phase quillt die Plattform schier über vor Einfällen, die Kinder möchten am liebsten alles verändern. Doch nach ungefähr einem halben Jahr kommt der Durchhänger. Es tut sich einfach nichts mehr, das System wird kaum noch benutzt. Ich nenne das den »Hype Cycle« von aula, nach dem »Garter-Hype-Cycle« aus der Technologieforschung. Der Cycle verläuft bei den meisten Technologien ähnlich: Er wird ausgelöst durch eine neue Möglichkeit, eine neue Technologie. Es gibt einen Gipfel überhöhter Erwartungen. Zum Beispiel: »KI kann alles lösen! KI wird die Welt verändern!« In der intensiveren Auseinandersetzung folgt ein Tal der Enttäuschung: »KI ist nichts als ein stochastischer Papagei. Da kommt nur Quatsch raus.« Dann, langsam, erkennt man den eigentlichen Nutzen und die Grenzen einer Technologie und erreicht ein produktives Plateau: Man wendet sie nicht für alles an, erkennt aber, wo sie einen Nutzen bringt.

Dieses Phänomen taucht auch außerhalb von Technik auf – etwa wenn wir mit einem Hobby beginnen. Wir schaffen die Ausstattung an, erstellen Pläne, widmen uns jeden Tag den neuen Aufgaben, erzählen aller Welt davon, messen unsere Fortschritte – und dann flaut es einfach ab. Der Reiz ist abhandengekommen, in der Gewöhnung untergegangen. Manchmal geben wir das Hobby an dieser Stelle einfach auf. Manchmal aber schaffen wir es, uns realistischere Projekte vorzunehmen, reservieren uns hier und da in der Woche Zeit und etablieren eine neue Gewohnheit in einem nachhaltigen Tempo. Dasselbe bei Diäten. Anfangs studieren wir Rezepte und Nährwerttabellen, stapeln im Kühlschrank die gesunden, kalorienarmen Zutaten, ein paar Pfunde purzeln und ... nach ein paar Monaten dann der totale Frust, es bringt nichts mehr. Nur wenn wir zu einer nicht allzu radikalen Veränderung unserer Ernährung finden können, die wir auch langfristig durchhalten können, nehmen wir tatsächlich dauerhaft ab.

In praktisch jeder Schule, mit der ich arbeitete, gab es bei aula diesen Absturz des Interesses nach rund einem halben, manchmal einem Jahr. Die Erwachsenen zweifelten daran, dass die Plattform eine Zukunft haben könnte, oder sahen ihre ursprüngliche Prophezeiung erfüllt: »Ich glaube, das Projekt ist bei uns gescheitert.« »Ich habe es ja von Anfang an befürchtet, hier an unserer Schule funktioniert das nicht.« Fragte man die Schüler, kamen Antworten wie: »Ich weiß nicht. Ich habe eine Idee eingestellt. Keine Ahnung, warum, aber niemand stimmt jetzt dafür.« »Da passiert halt einfach nichts.« Das ist genau das Tal der Enttäuschung. Hier ist der Zeitpunkt, an dem das Projekt tatsächlich scheitern oder von dem aus es sich produktiv entwickeln kann. Wenn diese Phase eingetreten ist, braucht es ein oder zwei Lehrer, die wieder Schwung in die Sache bringen. »Leute, ihr müsst Werbung machen für eure Idee. Malt doch Plakate, geht doch durch die Klassenräume.« Oder: »Versuch doch mal, jemanden zu überzeugen. Versuch es erst mal bei einem oder zwei Mitschülern. Mach die Sache spannend. Zeig ihnen, was sie davon hätten, wenn sie sich an deinem Projekt beteiligen.« »Erstell einen QR-Code von deiner Idee und verteil ihn. Weck die Neugier der anderen und lotse sie auf deinen Vorschlag.«

Manchmal hilft auch einfach ein Trick, um die Aufmerksamkeit wieder auf die Plattform zu lenken, etwa wenn Lehrer sie für eine zusätzliche Entscheidung nutzen, zum Beispiel: »Wir müssen im kommenden Halbjahr ein Drama lesen. Was möchtet ihr lieber: *Nathan der Weise* von Lessing oder *Der zerbrochene Krug* von Kleist? Bitte stellt eure Argumente für einen der beiden Vorschläge auf aula ein, damit wir darüber sprechen und abstimmen können.« Es ist eine kleine, wenig komplexe Frage. Aber das schadet überhaupt nicht. Es zeigt allen, dass sich aula auch für solche kurzen Entscheidungsprozesse sehr gut eignet. Und dieses Zweckmanöver eröffnet die Chance, dass die Schüler bei ihrer Wahl des Dramas auch nach links und rechts blicken und auf die Ideen aufmerksam werden, die sich außerdem noch in der Diskussion befinden. So können sie einen Schubs bekommen und sich wieder für etwas interessieren, das sie aus den Augen verloren hatten.

Tritt die übliche Delle in der Begeisterung und Aktivität bei aula ein, muss ich viel Überzeugungsarbeit leisten, vor allem bei den Lehrkräften. Ich muss klarmachen, dass diese Abwärtskurve kein Fehler und erst recht kein Zeichen für ein Scheitern des gesamten Projekts ist. Vielmehr ist das die Stelle, an der Schüler (und Lehrer) erkennen, dass Demokratie Arbeit ist. Eine brutale Erkenntnis, aber eine realistische. Ich kann aus eigener Erfahrung durchaus nachvollziehen, dass man Feuer und Flamme für eine Idee ist, sich jedoch nicht mit derselben Energie für ihre Verbreitung einsetzt. Das Problem liegt nicht in einem Mangel an Engagement. Ich selbst hing sehr lang dem Glauben an, dass sich gute Ideen schon von selbst durchsetzen werden und man nicht extra für sie werben muss. Ich hatte sozusagen die naive Vorstellung von einer Meritokratie der Ideen: Was gut ist, gewinnt. Selbst als Geschäftsführerin der Piraten spekulierte ich letztlich darauf, dass die Menschen mehr oder weniger von allein darauf kämen, wie super unser Programm war, uns dann wählen und vielleicht sogar bei uns eintreten würden. Vollkommener Blödsinn! Erst nach einiger Zeit und mit viel Mühe erkannte ich, dass nichts von selbst lief, unsere Konkurrenten Anzeigenplätze für ihre in meinen Augen lächerlichen Botschaften kauften, auf irgendwelchen Wegen Fernsehzeit ergatterten und energisch darum kämpften, gesehen zu werden.

Dass vernünftige Menschen und ihre Ideen nicht automatisch auf der Siegerstraße sind, sondern ohne Unterstützung einfach untergehen, ist mir erst relativ spät klargeworden. Wir leben in einer Gesellschaft, die als Aufmerksamkeitsökonomie aufgebaut ist. Millionen Dinge und Ansichten konkurrieren permanent darum, von uns wahrgenommen zu werden. Von überallher schreit es: Nimm mich! Bleib bei mir! Guck hierhin! Kindern und Jugendlichen müssen wir also auch die Fähigkeit vermitteln, Dinge, die ihnen wichtig sind, ins Rampenlicht zu rücken. Sie sollen lernen, nicht darauf zu warten, dass sich irgendwann irgendjemand dafür interessieren wird. Das bringt nichts. Außerdem schärft es ihren Blick für die Aktivitäten anderer, denen sie in den sozialen Medien begegnen. Sie können leichter erkennen, wo es sich um viel Getöse und wenig Inhalt handelt.

Es fällt schwer, immer und immer wieder Energie aufzubringen und für seine Ideen und Überzeugungen einzutreten. Es ist ermüdend. Ich mache mir oft Gedanken darüber, dass ich mein Herzensprojekt aula und meine Ansichten zur Demokratie schon Hunderte von Malen vor Publikum ausgebreitet habe und eigentlich jede Anfrage für einen Vortrag ablehnen müsste. Ich habe nämlich ein schlechtes Gefühl dabei, dass ich mich im Grunde oft wiederhole. Dann muss ich streng mit mir selbst argumentieren, dass es weiterhin Menschen gibt, die meine Ansichten nicht kennen, sie aber gern hören möchten. Sonst hätten sie ja nicht gefragt. Ich muss mir klar machen, dass das, was für mich die x-te Wiederholung darstellt, für andere tatsächlich absolut neu ist. Wobei: Ganz genau dasselbe ist es ja auch wieder nicht. Ich reagiere auf Fragen, Zweifel und Anregungen der Zuhörer nicht nur direkt, sondern ich lasse diese Reaktionen auch in meine zukünftigen Vorträge einfließen. So oder so: Ich sage mir selbst immer wieder, dass Politiker im engeren oder weiteren Sinne, die Angst vor Wiederholung haben, zum Scheitern verurteilt sind. Erkenntnisse zu gewinnen ist eine Sache, sie aber publik zu machen und Unterstützer zu motivieren eine andere. Heute weiß ich, dass Letzteres die größere Arbeit darstellt.

»Die Mühen der Gebirge liegen hinter uns, vor uns liegen die Mühen der Ebene.«[10] So hat es Bertolt Brecht 1949 formuliert. Er wollte damit ausdrücken, dass die Arbeiterbewegung zwar den Nationalsozialismus überstanden hatte, nun aber ihre Vorstellungen in der DDR umgesetzt werden mussten – ein schwieriger, steiniger Weg. Ich finde, dass dieses Bild von den Mühen der Ebene sehr plastisch ist, auch unabhängig vom konkreten Kontext Bertolt Brechts. Die Mühen der Ebene liegen vor jedem, der sein Anliegen durchsetzen möchte. Sie sind

10 Bertolt Brecht: Werke. Große Kommentierte Berliner und Frankfurter Ausgabe. Band 15: Gedichte 5, 1993. S. 205

etwas anderes als ein anstrengender Aufstieg, der mich mit einem Panoramablick auf dem Gipfel belohnt, den ich nirgendwo sonst bekäme und mit keiner anderen Methode als meinem eigenen Einsatz. Sie sind das alltägliche Kleinklein, die staubige, trockene Langstrecke. Das Ziel ist weit entfernt und vielleicht gar nicht genau zu sehen.

Dieses Bild beschreibt sehr genau die Arbeit für die Demokratie. Einen Endpunkt gibt es im Grunde nicht, nur Etappen. Der mühsam errungene Kompromiss auf einem Parteitag, eine Wahl, bei der die Beteiligung entgegen dem allgemeinen Trend um einen Prozentpunkt ansteigt, der Beschluss für eine neue Radleitroute, den auch ein paar Autofahrer unterstützt haben, die heftige Debatte mit einer Gruppe von Menschen, die vollkommen konträrer Ansicht sind und mit denen man am Ende doch ein Bier trinken kann – das sind die Erfolge der Ebene. Vielfach werden sie als unspektakulär empfunden. Ich meine, zu Unrecht. Wir sollten sie würdigen, gelegentlich auch feiern als weiteren Schritt auf dem demokratischen Weg.

Demokratie kommt niemals an das Ziel, an dem alles erreicht wäre, an dem ich mich beruhigt und zufrieden zurücklehnen könnte. Man kann diese Aussicht auf Dauerarbeit schrecklich finden, aber ich konzentriere mich lieber auf die positiven Seiten. Eine besteht zum Beispiel darin – um im Bild zu bleiben –, dass eine Bergbesteigung für viele gar nicht möglich ist, der Gang über eine lange Ebene aber sehr wohl. Er ist sogar mit dem Rollstuhl zu bewältigen, also auch für mich. Eine Tour zum Gipfel verläuft auf schmalen Pfaden, man geht hintereinander, die Luft wird dünn, hin und wieder stürzt womöglich sogar einer ab. Die Ebene ist breit, vielleicht wandert einer mal langsamer oder muss sich am Rand ausruhen, aber runterfallen kann er nicht. Die Mühen der Ebene und der Demokratie können frustrieren, aber alles andere wäre viel schlechter. Denn niemand nähme für *uns* den Weg zum Gipfel auf sich, er tut es für *sich*. Und die Konsequenzen dieser Haltung erleben wir früher oder später auf unangenehme Weise.

aula macht die Arbeit an der Demokratie leichter. Was wir den Kindern und Jugendlichen immer wieder vor Augen führen sollten: Es ist *ihre* Arbeit, und das macht sie so wertvoll. Es ist nicht die Arbeit im marxistischen Sinne, bei der der Arbeiter entfremdet ist, weil er etwas tut, was ihn nicht interessiert, und er abhängig ist von demjenigen, der ihm das Geld dafür zahlt. Bei aula – in der Schule wie anderswo – steht vielmehr das eigene Ziel, die eigene Vision im Mittelpunkt. Jedes Kind kann sich entscheiden: Genau dafür investiere ich meine Kraft, dafür wende ich Mühen auf – und genau dafür werde ich belohnt in vollem Maß. Wenn die Schulen im Hype Cycle die Phase der Flaute durchhalten (und das geht sehr gut, wenn die Lehrkräfte ein wenig Schwung und Unterstützung einspeisen), dann erreichen sie tatsächlich ein produktives Plateau. Manchmal erst nach zwei Jahren, oft aber auch schon nach einem Jahr. Dieses Tief ist Teil eines Lernprozesses, und wer aus diesem Tal herauskommt, hat eine echte Veränderung geschafft. Jede Schule muss diese Phase durchmachen, dann läuft es. Etliche Schulen sind seit der Einführung von aula dabei und nutzen das System bis heute, über einige Schülergenerationen hinweg. Das ist für mich der beste Beweis, dass es funktioniert, auch auf lange Sicht.

Ein Motiv haben

Die mit Abstand längste Flaute, von der ich gehört habe, erlebte eine Schule in Norddeutschland. Dort dümpelte aula von Beginn an vor sich hin, es tat sich quasi gar nichts. Es fehlte eine motivierende Kraft, die den Kindern und Jugendlichen Freude an diesem Projekt und Zutrauen zu sich selbst vermittelt hätte. Schon bei der Einführung war zu bemerken, dass insbesondere die oberen Klassen zwar interessiert waren, sich den Umgang mit aula jedoch nicht richtig zutrauten und ihre Lehrer sie in diesem negativen Gefühl sogar noch bestärkten. Das Blatt wendete sich erst, als mit einem neuen Schuljahr ein anderer, engagierter Lehrer die Klasse übernahm und die Jugendlichen explizit ermutigte, sich aula zunutze zu machen. Ich war ein bisschen skeptisch, ob es nach so langer Zeit möglich wäre, dem Projekt noch mal Leben einzuhauchen, aber siehe da: Ich hätte mir keine Sorgen zu machen brauchen.

Zwei Mädchen ergriffen die Initiative. Zunächst hatten sie gar keine konkrete Idee. Sie bedauerten schlichtweg, dass es wenig oder gar keinen Zusammenhalt in der Schülerschaft gab, und suchten nach Abhilfe. Viele von den Schülern waren schon älter, manche sogar bereits verheiratet. Ihre Herkunft war sehr unterschiedlich, viele muslimische, christliche und sogar hinduistische Strömungen waren vertreten. In ihrem Leben gab es also bereits starke Bezugspunkte, doch die Schule gehörte – zumindest unter sozialen Gesichtspunkten – nicht dazu. Die Schüler gingen hin, lernten ihren Stoff und widmeten sich anschließend anderen Dingen. Das Leben fand anderswo statt – auch weil viele Schüler arbeiten mussten, um zum Familienunterhalt beizutragen. In der Schülerschaft gab es untereinander kaum Verbindungen. Die beiden Mädchen überlegten, wie sie das ändern könnten. Sie wollten einfach mehr schöne Momente in der Schule ermöglichen. Wie sollten sie vorgehen? Sie konnten ja nicht einfach den Vorschlag einstellen: »Wir wollen, dass es hier mehr Zusammenhalt gibt.« Wie hätten sich die anderen dazu verhalten können? Was hätten mögliche Antworten sein sollen? So etwas wie: »Wollen wir auch« oder »Mir doch egal«? Damit wären sie keinen Schritt weitergekommen.

Schließlich kamen die beiden auf eine, wie ich finde, geniale Idee. Als Vehikel wählten sie die »Tradition«. Sie wollten etwas etablieren, das nicht nur ein einmaliges Projekt war, sondern langfristig Bestand haben würde. Ich weiß nicht, ob es ihnen bewusst war, mir erscheint es jedenfalls ein sehr guter Schachzug gewesen zu sein, in einer gewissermaßen konservativ geprägten Schülerschaft, in der traditionelle Werte wie Familie und Religion eine große Rolle spielten, eine weitere, eine eigene Tradition zu schaffen. Sie verknüpften eine vorhandene grundsätzliche Disposition mit einer neuen Ausführung, einem neuen Standard. Es galt einiges zu überlegen, zum Beispiel was eigentlich charakteristisch für eine Tradition ist. Auf jeden Fall das regelmäßig Wiederkehrende. Und etwas, was über den aktuellen Anlass hinausweist. Wie schafft man aber eine Tradition, der das Fundament des Gewachsenen fehlt? Die beiden stellten schließlich zwei Vorschläge auf der aula-Plattform ein: eine große, nur einmal im Jahr stattfindende Veranstaltung, nämlich ein »Fest der Nationen«, zu dem jeder aus seinem Land und seiner Kultur etwas beitragen sollte, zum Beispiel einen Tanz, Musik oder Speisen. Und eine kleinere Veranstaltung, die regelmäßig einmal in der Woche durchgeführt werden sollte, nämlich ein Stufenfrühstück.

Ich habe allergrößte Hochachtung vor den beiden, weil sie auf verschiedenen Ebenen so kreativ und zuversichtlich waren. Sich nach zwei Jahren aula-Flaute doch noch mal an dieses Instrument heranzumachen und es zu nutzen, ist für sich genommen schon erstaunlich. Aber dann auch noch zwei solch unterschiedliche Vorschläge einzustellen und dafür die Werbetrommel zu rühren – das ist wirklich beeindruckend. Die beiden Mädchen zogen mit dem iPad-Wagen‘ durch die Schule, um alle dazu anzustiften, zu debattieren und abzustimmen. Das Fest der Nationen folgte im Grunde dem Vorbild eines Balls, ähnlich wie ein Abi-Ball. Das war argumentativ nicht so anspruchsvoll und fand schnell Zustimmung. Eine andere Liga war das Stufenfrühstück, dafür gab es kein »Muster«, das musste vollkommen neu entwickelt werden.

Zwei wichtige Fragen mussten vorrangig geklärt werden und wurden debattiert: Wann frühstücken wir und wie? Vor der ersten Stunde? Ausgeschlossen, das pünktliche Eintreffen zur ersten Stunde schaffen eh schon nicht alle. Zeit von einer Schulstunde abzuknapsen, womöglich noch von der ersten, schied ebenfalls aus. Das hätte den Unterrichtsplan mehrerer Kurse durcheinandergeworfen. Zu spät sollte es aber auch nicht sein, sonst säße man zu lange mit knurrendem Magen im Unterricht. Also: Wir frühstücken in der ersten großen Pause. Dann lösen sich die festen Kursformationen sowieso auf, alle sind in Bewegung und können gut die Mensa erreichen. Die 20 Minuten sind einerseits lang genug, um tatsächlich in Ruhe essen und sich unterhalten zu können. Sie sind aber auch kurz genug, um Langeweile zu vermeiden. Deshalb soll das Frühstück auch nicht jeden Tag stattfinden, sondern einmal in der Woche am Freitag, am letzten Tag der Arbeitsperiode. Wir können zurückblicken und uns gemeinsam auf das freie Wochenende freuen. Was frühstücken wir? Das, was wir sowieso dabeihaben oder was die Mensa zu diesem Zeitpunkt schon anbietet. Also minimaler Aufwand, keine Organisation, größtmögliche Flexibilität in einem einfachen Rahmen, keine Extrakosten. Wer jemanden zur mitgebrachten Spezialität der Familie einladen will: Nur zu! Wer seine Verpflegung tauschen möchte: Gute Idee!

Ich finde dieses Projekt genial. Es ist nicht belastet mit Konzepten wie »gesundes Frühstück« oder »nicht mit leerem Magen lernen«, sondern einfach der selbst geschaffene Anlass, miteinander ins Gespräch zu kommen, Frust abzulassen, Neues zu besprechen und losgelöst vom gemeinsamen Unterricht den anderen als »Menschen« wahrzunehmen, nicht nur als Stufenangehörigen. In der späteren Evaluation bestätigten die beiden Initiatorinnen, dass das gemeinsame Schulfrühstück nicht nur die Oberstufe, sondern die ganze Schule verändert hat. Schule wurde für die Jugendlichen zu einem dritten Identitätsstandbein neben Familie und Religion. Und auch für die unteren Stufen, die nicht daran teilnahmen, war das Signal wahrnehmbar: Wir können etwas zusammen unternehmen, wir sind hier nicht nur Teilnehmer oder Konsumenten eines Stunden- und Stoffplans.

Dieses Schulfrühstück ist für mich ein Paradebeispiel der gelungenen Selbstwirksamkeit. Allein schon, dass die Jugendlichen sich etwas ausgedacht haben, wofür sie keine Vorlagen hatten, finde ich bemerkenswert. Und es handelt sich zudem um etwas anderes, als lediglich einen konkreten Mangel beheben zu wollen wie fehlendes Klopapier auf den Toiletten oder eine persönliche Unbequemlichkeit wie den frühen Schulanfang zu verändern. Das Schulfrühstück-Projekt geht über diese Ebene hinaus. Es vereint viele Elemente, die für eine demokratische Gesellschaft nützlich, sogar wohltuend sind. Im Zusammenleben geht es ja nicht nur um Komfort, um formale Regeln oder Interessensausgleich. Es geht vor allem um die Beziehungen zueinander. Die müssen nicht tief oder innig sein, aber einigermaßen verlässlich. Es geht darum, einander zu kennen im Sinne von: die anderen wahrnehmen, respektieren, einbeziehen, etwas gemein mit ihnen haben. Die beiden Mädchen haben – zumindest unbewusst – erkannt, dass es daran an ihrer Schule fehlte. Sie haben eine wunderbare, praktische Lösung gefunden, um diesen Mangel abzustellen.

Unterstützung suchen

Lehrkräfte sind mehr als die Vermittler von Inhalten. Sie sind Animateure, Unterstützer, Helfer in der Not, Ansprechpartner, Vertrauensperson und nehmen darüber hinaus ungefähr hundert weitere Rollen ein. Zumindest in der Theorie. Zumindest einige. Zumindest manchmal. Natürlich schaffen sie das in der Realität nicht alles. Die Klassen sind zu groß, die Voraussetzungen der Kinder oft zu unterschiedlich, der Stoff muss durchgetrieben werden, die Zeit ist zu knapp, sie haben zu wenig persönliche und psychologische Ressourcen und in manchen Fällen, etwa als Quereinsteiger, auch zu wenig pädagogische. Lehrer werden zerrieben zwischen widersprüchlichen Anforderungen. Ich gehe davon aus, dass die meisten ihr Bestes geben, um die Schüler erfolgreich durch ihre Schullaufbahn zu bringen. Ich habe unfassbar gute Lehrer erlebt, unfassbar schlechte und viele, die ganz in Ordnung waren.

So, wie das System konstruiert ist, sind ihre Möglichkeiten begrenzt. Dass sie sich dennoch immer wieder einbringen und auf Neues einlassen, ist ihnen hoch anzurechnen.

Für aula sind die Lehrer sehr wichtig. Die Schüler sind sozusagen fluide, sie verlassen die Institution nach ein paar Jahren und es rücken neue nach, ein ewiger Strom. Lehrer stellen im Vergleich damit das stabile Element dar, meistens jedenfalls. Sie sind über Jahre an einer Schule, sie haben Erfahrung mit Projekten, und oft haben sie auch Lust, etwas Neues auszuprobieren. aula-Projekte sind bei ihnen in guten Händen. Denn auch wenn die Aktivität vor allem von Kindern und Jugendlichen ausgehen soll, hängt viel von den Lehrern ab. An verschiedenen Stellen hatte ich schon erläutert, wie sie die Erfahrungen, die die Schüler mit aula machen, auf vielfältige Weise zur Reflexion nutzen können und die Sache am Laufen halten, wenn die Aktivitäten einzuschlafen drohen.

Wenn die Kinder und Jugendlichen Unterstützung benötigen, um ein Problem zu lösen, das bei der Realisierung einer Idee auftritt, können Lehrer Ansprechpartner sein. Wir empfehlen den Schülern jedoch, sich zunächst an die Eltern zu wenden. Das mag überraschen, weil die Eltern sonst in dem aula-Prozess keine besondere Rolle spielen. Die Eltern sind jedoch sehr wichtige Ressourcen für die Umsetzungsphase. Häufig haben sie einfach mehr Zeit als Lehrer, die ja für mehr als eine Klasse zuständig sind. Außerdem verfügen Eltern über ein großes Reservoir von externen Kompetenzen, die in der Schule nicht vorhanden sind. Sie haben Berufe und Verbindungen, die sich als sehr nützlich für manche Projekte erweisen. Wenn die Eltern eine Schlosserei haben, wissen sie besser als Schüler oder Lehrer, was es braucht, um einen Fahrradständer zu installieren. Oder ein Manager-Elternteil kann die Kosten für eine größere Anschaffung genauer kalkulieren als ein Kind. Wir hatten Eltern, die mit Kindern gemeinsam eine Schulhofausstattung getischlert haben. Es gab auch Eltern, die halfen, eine Schulband zu organisieren. Wenn die Eltern bei Bedarf eingespannt werden, trägt das ebenfalls zur Aufhebung der Grenzen zwischen Drinnen und Draußen, also Schule und »Leben« bei. Sie stellen eine praktische Verbindung her, die sonst in dieser Form nicht existiert.

Häufig geht übrigens von den Eltern die Initiative aus, aula an einer Schule einzuführen. Sie haben von dem Konzept über die Presse gehört oder mitbekommen, wie ich bei einem öffentlichen Auftritt darüber sprach. Sie laden aula ein, sich vorzustellen. Und wenn sie überzeugt sind – was erfreulich oft der Fall ist –, stimmen sie als Mitglied der Schulkonferenz dafür, es mit aula zu versuchen. Die Motive sind unterschiedlich, habe ich den Eindruck. Oft möchten Eltern einfach, dass ihre Kinder lernen, selbstständig demokratische Prozesse zu initiieren und zu bewältigen. Salopp gesprochen: Sie wollen, dass die Schule ein cooler, freier Ort wird. Einige wenige verfolgen noch andere Ziele, etwa dass Sohn oder Tochter über aula Kompetenzen erwirbt, die die Chancen im späteren Beruf erhöhen. Also dass der Nachwuchs bei der Bewerbung darauf hinweisen kann, bereits in früher Jugend Erfahrungen im »Projektmanagement« erworben zu haben. Viele Eltern sind getrieben von dem Gedanken, ihre Kinder »optimieren« zu müssen, damit sie in der Welt da draußen gute Chancen haben. Vorteile für einen Wettbewerb aufzubauen ist allerdings nicht das Ziel von aula, sondern höchstens ein Nebeneffekt – wenn man überhaupt in solchen Kategorien denken will.

Ich kann es nicht mit Zahlen belegen, aber meiner Wahrnehmung nach kommt so etwas häufiger in Gymnasien als in anderen Schulformen vor. Schulen sind wirklich extrem unterschiedlich und man kann sie kaum über einen Kamm scheren, jedoch scheinen mir die Eltern an den Gymnasien, insbesondere den prestigeträchtigen, häufig sehr leistungsgetrieben zu sein, mehr noch als die Lehrkräfte. Sie motivieren oder drängen ihre Kinder, sich zu beteiligen, was dem aula-Motiv des Selbst-Aktivwerdens und -Handelns entgegensteht. aula ist dafür da, den Lebensraum Schule zu verhandeln und zwar unter allen, die täglich in ihm leben. Insofern ist es von Vorteil, die Eltern zwar einzubinden, aber nicht in einer bestimmenden Funktion.

Glücklicherweise sieht die Mehrheit der Eltern die Chancen von aula so, wie sie gemeint sind. Nicht als formale Zusatzqualifikation, sondern als Beitrag zur Persönlichkeits- und Gesellschaftsentwicklung. Deshalb lassen Eltern ihren Kindern im Normalfall auch den Freiraum. Wenn ich auf Versammlungen ein mögliches Stimmrecht auf der aula-Plattform für Eltern zur Debatte gestellt habe, lehnten sie das meist ab. Wir beschränken uns also darauf, ihnen einen Account einzurichten, so dass sie sehen, was vor sich geht, aber nicht mitdebattieren können. Ich glaube, den meisten gefällt diese Zuschauerposition sehr gut. Sie sind informiert, haben aber keine Kontrolle. Und staunen wahrscheinlich darüber, was sich alles auf diesem Marktplatz der Ideen ihrer Kinder so tut.

Die Rollenverteilung bei aula ist also klar. Hauptakteure sind die Kinder und Jugendlichen, direkte Hilfe leisten die Juniormoderatoren, Lehrer stehen als Ansprechpartner zur

Verfügung und praktische Hilfe leisten bei Bedarf die Eltern. Das hat sich bewährt, und soweit ich es beurteilen kann, sind damit alle zufrieden.

Sich als wirksam erleben

Ich hatte Hannah Arendt und ihren Begriff des Handelns zitiert, nämlich dass wir uns mit dem Handeln in die Welt einbringen und damit Verantwortung für den politischen, den öffentlichen Raum übernehmen. Auf der psychologischen Ebene bezeichnen wir das als »selbstwirksam«. Wir erleben uns als gestaltende Person, als jemand, der – auch unter widrigen Umständen – in der Lage ist, die Verhältnisse, in denen er lebt, zu beeinflussen, zu verändern, sie immer wieder neu auszutarieren. Es ist also eine individuelle Eigenschaft. Einerseits. Andererseits stellt sich aber zugleich die Frage, ob sie ohne Umfeld, gleichsam im luftleeren individuellen Raum überhaupt eine Relevanz hätte. Ich meine nicht. Selbstwirksamkeit ist eine nach außen gerichtete Kompetenz. Sie ist die Verknüpfung von Einzelnem und Gesellschaft. Meiner Ansicht nach trennen wir in dieser – und in manch anderer Hinsicht – künstlich zwischen Individuum und Gruppe. Wir sind aufgrund ökonomischer Notwendigkeiten eine sehr individualistische Gesellschaft (geworden), das gebe ich gern zu. Doch darüber vergessen wir oft, dass wir im Grunde Rudeltiere sind, als Einzelne gar nicht vorstellbar.

Psychische Gesundheit und Selbstwirksamkeit sind aufs Engste mit dem sozialen Raum verknüpft. Sie entstehen nie isoliert, nur für sich selbst. Das heißt natürlich trotzdem, dass der Einzelne für sich selbst erwartet, aktiv und gestaltend zu sein. Aber es ist eben eine Erwartung, die sich an die Welt richtet. Was kann ich bewirken? Wie viel muss ich dafür tun? Reichen überhaupt meine Kräfte? Einen Teil dieser Fragen können wir beantworten, weil wir viel durch Beobachtung lernen, also indem wir schauen, was die anderen machen und wie sie es schaffen, ihre Anliegen zu verwirklichen. Wir ahmen nach, was Erfolg hat. Ob ich zuversichtlich bin, Einfluss ausüben zu können, hängt von mir und von den anderen ab. Und manches schaffe ich überhaupt nur, wenn ich es gemeinsam mit anderen bewerkstellige. Die individuelle Erfahrung von Selbstwirksamkeit und das Gruppenerlebnis, gemeinsam etwas zu schaffen, widersprechen einander also nicht, im Gegenteil: Sie gehören zusammen. Die vielen Programme und Konzepte der Selbsthilfe und -optimierung kranken meiner Ansicht nach daran, dass sie die soziale Komponente nahezu vollständig ausblenden. Menschen sind keine Inseln, sie sind verbundene Wesen. Sie schaffen nur gemeinsam etwas, und nur dann, wenn jeder Einzelne es kann oder zumindest will. Wenn wir also schon früh, in der Kindheit, fördern, dass sich Menschen als selbstwirksam erleben, dann ist das extrem vorteilhaft, für sie persönlich und für diejenigen, mit denen sie zu tun haben. Deshalb ist es auch nicht schlimm, wenn Kinder sich für eine Idee einsetzen, die in der Abstimmung keinen Erfolg hat. Man könnte nach den bisherigen Erläuterungen denken, dass das eine frustrierende Erfahrung ist, die ihre erlernte Hilflosigkeit sogar noch stärkt. Doch das stimmt nicht. Denn auch wenn ihre Idee scheitert: Sie wurde gehört, besprochen, berücksichtigt und erwogen. Dass eine andere Idee gewinnt, ist gleichsam ein Lernen am Modell: Die Schüler beobachten, wie Gleichaltrige durch ihre eigene Anstrengung und Argumentation etwas erreicht haben. Das ist etwas völlig anderes als das

Ergebnis von Pseudo-Beteiligung, mit der man gar nichts bewegen kann. Hier hatte die Gruppe kollektiv die Chance, etwas zu entscheiden, und sie hat auch entschieden. Wer in diesem Moment unterlag, hat beobachtet, dass Erfolg möglich ist. Selbstwirksamkeit wird sozial konstruiert.

Dieses psychologische Konzept der Selbstwirksamkeit erscheint in der Beschreibung vielleicht ein wenig abstrakt. Eigentlich ist es aber ganz natürlich und entspricht häufig auch unserer praktischen Erfahrung. Durch den Drang zur Individualisierung und Selbstoptimierung geht uns dieses Wissen nur manchmal verloren. Wir können es uns am besten vorstellen wie in einem großen Chor – ein Beispiel, das ich aus meiner eigenen Kindheit und Jugend kenne. Ich habe jahrelang in einem Kirchenchor gesungen und auch wenn ich nicht die Beste war und mich sogar manchmal gefragt habe, was ich da eigentlich tue, habe ich eine Menge nützlicher Erfahrungen gesammelt. Als Chormitglied hätte ich eventuell denken können, es käme nicht auf mich an, wir waren ja so viele. Aber in einem Chor kommt es sehr wohl auf mich an. Es gibt vielleicht Mitglieder, die besser singen, eine schönere, kräftigere, geübtere Stimme haben als ich. Dennoch bin ich relevant. Es kommt stets auch auf das an, was *ich* mache. In der negativen Ausprägung wirken sich Fehler, die ich produziere, auf das Ergebnis insgesamt aus. Einige Patzer können die anderen ausbügeln, manche jedoch nicht. Wenn ich zum falschen Zeitpunkt einsetze und in einer musikalischen Pause einen Ton in die Stille schicke, ist das irreversibel und für das Werk sowie alle Mitwirkenden schlecht. Positiv gesehen gebe ich aber – über meine sängerischen Bemühungen hinaus – meine Energie, meine gute Laune, mein Verständnis für die Musik in die

Gruppe, wovon alle profitieren. Und ich selbst habe natürlich den großen Vorteil, dass ich an einem musikalischen Werk beteiligt bin, das ich niemals allein singen könnte.

Genauso ist es bei Wahlen. Wenn ein Bürger sagt, dass es auf seine Stimme nicht ankomme, hat er rein mathematisch gesehen vielleicht recht. Aber politisch gesehen wäre es eine Katastrophe, wenn alle so dächten wie er. Es gäbe keine demokratisch legitimierte Politik. Auf die Beteiligung und die Stimme eines jeden kommt es an. Wie auf meine Stimme im Chor.

Eine Idee fürs Leben

Wer schon früh, am besten in der Kita, gelernt hat, sich an Entwicklungs- und Entscheidungsprozessen zu beteiligen, ist später nicht unbedingt auf bestimmte Werkzeuge angewiesen. Er oder sie entdeckt an verschiedenen Stellen Anknüpfungspunkte, um sich zu vernetzen und gemeinsam mit Anderen Veränderungen anzustoßen. Aber nicht jeder ist findig und engagiert, vielen Menschen fällt nicht ein, wie sie den ersten Schritt machen könnten. Enorm hilfreich dafür ist es, Orte der anlasslosen Begegnung zu schaffen, diesseits jeder konkreten politischen Absicht. Solche Orte sind jedoch selten, in der Stadt bewegen wir uns meistens zwischen Arbeitsplatz und Konsumstätten. In diesem Zwischenraum fehlt die Möglichkeit, Kontakte zu knüpfen. Dabei sind sowohl Bildung als auch Beteiligung Beziehungsarbeit. Mit unserer evolutionären Struktur sind wir darauf ausgerichtet, gemeinsam, im Austausch mit anderen, zu handeln. Demokratisches Handeln entspricht dem, wir sind so gesehen eigentlich von unserer Grundausstattung her gut dafür gerüstet. Warum also nicht das Beste daraus machen?

Den Stein ins Rollen bringen

»Liebe Frau Weisband, das ist ja alles gut und schön, was Sie über aula in der Schule erzählen. Aber wenn die Kinder mit der Schule fertig sind und die Plattform nicht mehr zur Verfügung steht – was dann?« Diese Frage höre ich öfter im Anschluss an Präsentationen oder Debatten. Manche Zuhörer stellen sie mit kritischem Unterton und glauben, einen Mangel im System erkannt zu haben. Andere sind darüber besorgt, dass sich die erzielten Erfolge »draußen« in Luft auflösen. Ich kann beide beruhigen. Kinder und Jugendliche, die Selbstwirksamkeit erfahren und gelebt haben, vergessen das nicht mehr. Sie brauchen auch keine Krücke, wie etwa eine Onlineplattform, um sich wieder daran zu erinnern. Sie nehmen die Erfahrung des Gestaltenkönnens mit in ihr Erwachsenenleben und praktizieren es weiter.

Ich möchte noch einmal auf die grundlegende Veränderung zu sprechen kommen, die in den Schülern durch die praktische Arbeit mit aula vor sich geht, also wenn sie sich auf der einen Seite mit dem auseinandersetzen, was sie vorfinden, und auf der anderen Seite mit dem, was sie wollen. In dieser Auseinandersetzung erfahren sie eine Menge über sich, nämlich wer und wie sie sind. Diese Erkenntnis kann gar nicht überschätzt werden. Denn jeder Mensch geht zu Beginn seines Lebens ganz selbstverständlich von einem aus: Die anderen sind genauso wie ich. Sie denken genauso wie ich, und wir alle haben dieselben Bedürfnisse. Mit dem Heranwachsen stellen wir jedoch fest: Stimmt nicht ganz, die anderen sind anders als ich. Sie wollen Dinge, die nicht mit meinen Vorlieben übereinstimmen. Sie haben Wünsche, die meinen entgegenstehen. Das heißt, indem ich mich selbst und meine Umwelt betrachte, erkenne ich Differenzen. Sie können sich zu Konflikten ausweiten, wenn ich nicht in der Lage bin, mit diesen Unterschieden umzugehen.

Mit aula entwickeln wir genau die Qualitäten, die wir brauchen, um uns in einer Welt der Verschiedenheit zu bewegen. Die Kinder lernen konkrete Fähigkeiten wie Beobachten, Streiten, Sich-Einigen, Ergebnisse umsetzen, Arbeiten usw. Sie lernen auch sich selbst besser kennen und können ihre Bedürfnisse identifizieren. Sie lösen sich also von einem diffusen Gefühl von Unwohlsein oder Zustimmung und gelangen zu einer mitteilbaren Aussage. Und das ist die Basis, um mit anderen gemeinsam zu leben und den Alltag zu gestalten. Wenn ich es gewohnt bin, mich in diesem Prozess des Austarierens meiner und anderer Bedürfnisse zu bewegen, dann kann ich auch besser die Standpunkte vertreten, die für mein Wohlbefinden wichtig sind. Ja, ich schöpfe sogar Energien daraus, mich um meine Anliegen zu kümmern und sie zu verwirklichen. Wer hingegen einen Alltag lebt, in dem er keinerlei Gestaltungswillen zur Geltung bringen kann oder will, richtet sich auch nur schwer darin ein.

In der Differenzierung zwischen mir selbst und den anderen erkenne ich mich. Ich lerne zum Beispiel: Ich bin schüchtern. Oder: Ich bin perfektionistisch. Oder: Mir fällt es leicht, andere zum Mitmachen aufzufordern. Und je mehr wir über uns erfahren, desto einfacher wird es für uns, mit Situationen umzugehen, die uns belasten. Wir verstehen, wie wir sie leichter ertragen können, selbst wenn wir nicht in der Lage sind, sie grundsätzlich zu ändern. Ein Beispiel: Es herrscht Krieg in der Ukraine, und es herrscht Krieg in Israel. Ich habe keinen Einfluss darauf, diese Kriege zu beenden. Ich bin keine Präsidentin, keine Oberbefehlshaberin, keine allmächtige Herrscherin. Ich kann nichts gegen diese Situationen tun. Aber: Ich kann erstens überlegen, was ich brauche und was in dieser schlimmen Situation gut für mich ist. Ich brauche zum Beispiel Pausen von den Geschehnissen. Also werde ich beispielsweise darauf achten, nicht den ganzen Tag Katastrophenmeldungen zu lesen, nach Details zu forschen, Bilder anzuschauen und mit Freunden und Bekannten permanent darüber zu reden. Weil die Omnipräsenz des Themas mich zermürbt. Zweitens kann ich konkret etwas tun, um zu helfen. Ich kann zum Beispiel Transporte mit Hilfslieferungen in die Ukraine organisieren. Oder ich kann mit meinen Verwandten in Israel telefonieren, ihnen zuhören und ihre emotionale Belastung reduzieren, indem ich einfach als Gesprächspartnerin zur Verfügung stehe. Das alles hält den Krieg nicht auf. Aber es ist etwas, was ich unternehmen kann, um ihn ein ganz klein wenig leichter für Betroffene und auch für mich zu machen.

Die Beschreibung des Differenzierungsprozesses als Weg zur Selbsterkenntnis wirkt relativ einfach, geradezu selbstverständlich: Ich gucke, wie ich bin und wie die anderen sind. Doch in Wahrheit erfordert es eine Menge Arbeit, sich selbst gut kennenzulernen. Ich formuliere meine Gefühle ja nicht, sondern erlebe sie. Ich rufe sie nicht absichtlich hervor, sie entstehen selbständig. Zorn steigt in mir auf, Freude überwältigt mich, Abscheu schüttelt mich. Aber nicht, weil ich es mir willentlich vorgenommen habe, sondern weil etwas sie ausgelöst hat, auf das ich nur wenig Einfluss habe. Ich gleiche meine Gefühle mit den Reaktionen anderer ab und wundere mich. Worüber ich mich aufrege, lässt andere kalt. Was mir egal ist, bringt andere in Wallung. Aber wie kommt das? Ich muss versuchen zu erkennen, was der Grund für meine Reaktionen ist, warum ich schlechte Laune habe oder dauernd unzufrieden bin. Ist es mein Perfektionismus, der mit einer desolaten Welt nicht klarkommt? Ist es meine Sehnsucht nach Zuneigung, die mich immer wieder seltsame Dinge tun lässt, um anderen zu gefallen? Bei solchen Erkundungsreisen ins Ich geht es ans Eingemachte, und es kann gut sein, dass ich ein paar Ausweichmanöver starte, um mir unliebsame Erkenntnisse zu ersparen. Ich selbst habe mehrere Psychotherapien gebraucht, um mir auf den Grund zu kommen und einige Traumata aus der Kindheit zu verarbeiten. Das ist sicher nicht für jeden notwendig. Für die meisten Menschen ist es aber mit Sicherheit sehr vorteilhaft, schon früh in der Auseinandersetzung oder zumindest Begegnung mit anderen ein Bild von sich zu gewinnen, ganz ohne therapeutischen oder professionell-psychologischen Hintergrund. Einfach im Handeln, im Reflektieren, im Abwägen der unterschiedlichen Interessen.

Genau das ist es, was aula fördert, und zwar auf eine sehr natürliche Art. Es wird also nirgendwo als Ziel formuliert, dass Teilnehmende beispielsweise nach zwei Jahren aula-Nutzung genau diese oder jene persönliche Eigenschaft entwickelt haben sollten. Selbst wenn das jemand wollte (was nicht der Fall ist), wäre es Blödsinn. Weil ja für jeden die Entwicklung seiner Talente und die Konfrontation mit seiner persönlichen »Ausstattung« ganz individuell sind. Im Ergebnis des aula-Prozesses entsteht aber genau das Repertoire, über das ein kreativer, die Dinge in die Hand nehmender Mensch verfügt. Der keine Angst vor komplexen Zusammenhängen hat und der sich auch in den unübersichtlichen Situationen zurechtfindet, die in einer demokratischen Gesellschaft der Normalfall sind.

Eine solche Persönlichkeitsentwicklung entfaltet sich nicht von jetzt auf gleich. Es dauert, und zwar ewig. Denn natürlich gibt es keinen definierbaren Punkt, an dem jemand »fertig« und ein Mensch wäre, der nichts Geheimnisvolles mehr in sich vermutet und glaubt, sich in- und auswendig zu kennen. Oder der meint, nichts mehr an sich verbessern zu können. Meiner

Ansicht nach bleibt es spannend bis zum letzten Tag. Es gibt zweifellos Menschen, die an einer bestimmten Stelle stehenbleiben und sich nicht mehr bewegen, manche schon in jungen Jahren. Ich will das nicht verurteilen, aber nötig oder gar sinnvoll ist das Verharren meiner Ansicht nach nicht. Denn um mich herum ist alles ständig in Bewegung, die Dinge verändern sich. Wenn ich kein aktiver Teilnehmer dieses Wandels bin, wenn ich nicht erkenne, was gut für mich und gut für andere ist, dann könnte es sein, dass ich in einen Strudel von Fremdbestimmung hineingezogen werde und mir bald wie ein ohnmächtiges Opfer vorkomme.

Kinder, die mit der Erfahrung von Selbstwirksamkeit aufwachsen, gehen auch als Erwachsene selbständig und kreativ mit der Welt um. Sie brauchen dafür keine vorgefertigten, ritualisierten Beteiligungssysteme. Sie wissen, wo sie anknüpfen können, wie sie den ersten Schritt setzen, welche Hilfe sie sich holen und wo sie Mitstreiter gewinnen können. Ich vergleiche das immer mit einer Schublade voller Kabel. Selbst wenn man ein ordentlicher Mensch ist: Nach kurzer Zeit setzen sich die Gesetze der Physik durch und alles ist miteinander verknäult, scheinbar nicht zu entwirren. Früher hätte ich gedacht, das krieg' ich nie wieder auseinander, und die Schublade entnervt zugeknallt. Heute weiß ich, dass ich am besten damit beginne, das kürzeste Kabel zu identifizieren, und dann versuche, es aus der Schlaufe zu ziehen. Dabei ist mir klar: Mit diesem einen Zug wird sich der Kabelsalat noch nicht auflösen, aber es ist der erste Schritt. Wenn ich sehr, sehr viel Glück habe, bekomme ich dieses erste Kabel frei. Danach erkenne ich vielleicht, wo die nächste lockere Schlaufe ist, und kann es dort mit einem weiteren Kabel versuchen.

Wenn ich diese Schritte häufig genug wiederhole, tritt ein interessanter Effekt ein. An irgendeiner Stelle fällt das Knäuel auseinander, obwohl ich gar nicht jedes einzelne Kabel angefasst habe. Das heißt, anders als wir meistens glauben, ist die Dynamik des Lösungsvorgangs nicht linear und nicht gleichmäßig. Am Anfang, wenn das Chaos groß ist, dauert es lang, bis sich sichtbar etwas verändert. Doch dann beschleunigt sich der Prozess, obwohl ich selbst nicht schneller an den Kabeln und Schlaufen ziehe. Was als großer, scheinbar unlösbarer Knoten begann, löst sich durch ein Schritt-für-Schritt-Vorgehen, durch Probieren. Ich muss nicht alles behandeln, nicht an jedem Kabel zupfen, denn das Knäuel hat ein Eigenleben, auch wenn ich nicht durchschaue, wie es funktioniert. Es fällt in sich zusammen, wenn ich genügend Kabel herausgezogen habe. Und dabei habe ich nicht einmal mit den wichtigsten begonnen – welche wären das überhaupt? –, sondern mit den kürzeren und denen, die zuoberst lagen oder am besten greifbar waren.

Ungefähr so funktioniert es auch mit dem Kabelsalat, den uns die Welt jeden Tag präsentiert. Ich kann nicht alles beeinflussen oder klären, keinen Krieg stoppen und keine Wirtschaftskrise verhindern. Aber ich kann damit beginnen, mir über meine Bedürfnisse klarzuwerden und gemeinsam mit anderen an einer Stelle Veränderung herbeizuführen. Und dann an einer weiteren. Mit aula lernt man, dass es klappen kann, sobald man einmal anfängt, irgendwo zu ziehen.

Ein Ziel, aber kein Ende

»Mit aula lernt man …«, so habe ich es an verschiedenen Stellen des Buchs geschrieben. Ja, aula hilft dabei, demokratisches Handeln zu lernen und zu praktizieren, überhaupt mit verschiedenen Meinungen umzugehen. aula selbst lernt aber auch immer weiter, denn es ist eine Open-Source-Entwicklung. Das heißt, dass Nutzer wie Schulen oder Vereine die Software so adaptieren können, wie sie es für richtig und passend halten. Die Schulen nutzen diese Möglichkeit weidlich. Ich habe keinen genauen Überblick, würde aber sagen, dass aula nicht an zwei Schulen gleich funktioniert. Schulen vernetzen aula mit den gegebenen Beteiligungsmöglichkeiten, zum Beispiel der Schülervertretung oder einem Schülerhaushalt. Manche reden vor allem über Ideen rund um die Schule, andere beteiligen sich rege an Entscheidungen in der Kommune. Manchmal sind Lehrer engagierter, manchmal treiben vor allem die Schüler das Projekt voran. Einige Schulen diskutieren überwiegend online, während andere die Plattform mehr als Protokoll ihrer Diskussionen im Klassenraum nutzen. aula ist eben äußerst anpassungsfähig.

Sehr wertvoll sind für uns die Rückmeldungen, die wir erhalten. Das kann Kritik sein, meist sind es aber Hinweise, welche Funktionen sich als nützlich und welche als umständlich oder überflüssig herausgestellt haben. Wir passen das Grundgerüst von aula daher ständig an und bemühen uns, die Wünsche der Schulen oder anderen Anwender zu erfüllen. Viele Features, die wir entwickelt oder verbessert haben, entstanden aus Rückmeldungen wie »Könnte man nicht …«, »Das ist zu viel …«, »Hier wird es schnell unübersichtlich …«. Ich finde es wunderbar, dass wir in so einem guten Austausch sind. Meine eigene Theorie, dass man für komplexe Systeme möglichst viele Betroffene oder Nutzer zusammenspannen sollte, bewährt sich hier. Gemeinsam lassen sich einfach bessere Ergebnisse erzielen. Schule ist schon für sich genommen komplex und Beteiligung erst recht. Nur ein Übermensch könnte es schaffen, aus sich heraus diese Komplexität richtig abzubilden und ein sinnvolles Werkzeug dafür zu schaffen. Es kann nur funktionieren, wenn alle Beteiligten permanent daran mitwirken, das heißt, das Programm nicht nur an ihrer Schule für ihre eigenen Anliegen nutzen, sondern auch am Beteiligungswerkzeug selbst arbeiten. Wie bei allen anderen schon erwähnten Beispielen: Auch aula wird nie fertig sein, nie perfekt. Deswegen ist es Open Source.

Wer aula nutzt, wird feststellen, dass die Plattform sehr schlank gestaltet ist. Wir haben kaum Grafiken, das Datenvolumen ist gering. Das ist der Sparsamkeit der Schüler geschuldet, die mit ihren privaten Mobilfunk- und Internetverträgen nur über ein begrenztes Datenvolumen verfügen und damit extrem knauserig umgehen. Vor Corona hatten wir gelegentlich Probleme, weil es kein leistungsfähiges WLAN in den Schulen gab oder die Fenster mit speziellen Folien für den Sonnen- und Blendschutz beklebt waren, die die Mobilfunksignale behinderten. Seit Corona sind die meisten Schulen jedoch ganz gut digitalisiert. Wahrscheinlich die Hälfte hat Tablet-Wagen, sie sind also relativ flexibel bei der Nutzung der elektronischen Geräte. Manchmal hakt es noch am Personal, etwa wenn niemand in der Schule zu finden ist, der weiß, wie man eine Software auf dem Server installiert. Das bieten wir dann als Service an.

Ursprünglich konnten die Teilnehmer nur über den Browser auf aula zugreifen, mittlerweile gibt es aber auch eine aula-App. Sie war das Ergebnis unserer ersten Evaluation. Da deckten wir nämlich ein Problem auf, das nichts mit Demokratie oder Beteiligungsprozessen direkt zu tun hatte. Das größte Hindernis bestand darin, dass sich die Kinder einfach ihre Passwörter nicht merken konnten. Mit der App bleiben sie ständig eingeloggt und brauchen ihr Passwort nur noch selten.

Unser nächstes großes Ziel besteht darin, aula auch für Zielgruppen zu gestalten, die aufgrund ihres Alters oder bestimmter Einschränkungen (noch) nicht lesen können. Wir haben viele Anfragen von Grundschulen, aber bisher funktioniert aula noch sehr schriftgestützt. Das heißt, für Leseanfänger ist das System zu mühsam, da müssen wir uns etwas anderes einfallen lassen. Für ältere Menschen kann die verringerte Sehfähigkeit ein Hindernis sein. Wir sind schon weitgehend barrierearm, streben aber Barrierefreiheit an. Dafür müssen wir multimediale Funktionen schaffen. Insbesondere für die Grundschüler wollen wir haptische Elemente einbauen. Erste Erfahrungen konnten wir schon mit einer Förderschule sammeln. Dort schrieben die Schüler Ideen auf Karteikarten und warfen sie in physische Boxen. Likes stellten sie durch Sticker dar. So konnte man den virtuellen Prozess im physischen Raum im wahrsten Sinne des Wortes zum Anfassen erleben. So einen Weg kann ich mir auch für Grundschulen vorstellen. Wir wollen zudem optische und akustische Werkzeuge entwickeln. Dafür arbeiten wir mit Fachleuten zusammen. Es gibt beispielsweise wunderbare Apps für Gehörlose, Menschen mit Lernbehinderungen und anderen Handicaps. Von diesen Produktentwicklungen können wir gut profitieren, und es ist noch Luft nach oben. Künstliche Intelligenz etwa wird uns sehr nützlich sein, wenn es zum Beispiel darum geht, Bilder in Text zu übersetzen und diesen auch vorzulesen.

Ideen haben wir also viele, und vorstellbar ist fast alles. Aber wir brauchen natürlich Geld für unsere Pläne. aula finanziert sich aus öffentlichen Geldern, aus Stiftungen und durch private Spenden. Wie die meisten öffentlichen Projekte kalkulieren wir von Jahr zu Jahr, schreiben viele Anträge, hoffen und bangen, ob sie wohl bewilligt werden. Denn die Entwicklung offener Software, von Materialien und von Angeboten, die für Schulen kostenfrei sind, befindet sich in Deutschland leider nach wie vor in einer prekären Lage. Gerade weil wir einerseits Software für den bundesweiten Einsatz entwickeln, deren Förderung beim Bundesbildungsministerium angesiedelt wäre, aber an Schulen arbeiten, die Ländersache sind. Hier macht der Föderalismus die Förderung kompliziert, manchmal widersprüchlich und oft bürokratisch.

Damit offene Projekte und Materialien in Zukunft gefördert werden können, hoffe ich auf eine Föderalismusreform, die erlaubt, Dinge für Schulen zu entwickeln, von denen alle Bundesländer profitieren können. Vielleicht wird auch das Demokratiefördergesetz die Lage positiv verändern. Wir bekommen jedoch auch jetzt schon viel Hilfe. Vor allem sind wir nicht allein: Viele Organisationen in Deutschland und in Europa setzen sich auf verschiedene Weise mit Ressourcen, Personal oder Geld für Teilhabe an Schule ein. Vernetzung miteinander macht uns alle stärker.

Je mehr Institutionen aula verwenden, desto besser wird die Software und desto einfacher ist sie auch für andere Institutionen zu nutzen. Schon jetzt gibt es kleine Gewerkschaften, die damit arbeiten, außerdem Berufsschulen, Jugendräte und

Jugendzentren. Für Sportvereine oder -verbände wäre aula ebenfalls ein sehr nützliches Beteiligungswerkzeug. Ich stelle mir die Verbreitung von aula vor wie eine Art Cluster: ein Träubchen auf und neben dem anderen, manche groß, andere etwas kleiner, manche kraftvoll, einige zarter. Außerdem inspiriert aula auch weitere Projekte in der Umgebung, so dass Beteiligung letztlich sogar wie ein Baum wächst.

Plädoyer für mehr Volkshochkneipen

Ende 2023 erschienen die Ergebnisse einer Umfrage der Stiftung Deutsche Depressionshilfe und Suizidprävention, gefördert von der Deutsche Bahn Stiftung. Nach dieser Umfrage fühlt sich jeder vierte Erwachsene in Deutschland einsam. Der Schwerpunkt der Online-Befragung lag auf Depressionsmerkmalen. Einsamkeit gehört dazu, ist aber nicht die Ursache, sondern häufig eine Folge davon. 40 Prozent der 60- bis 69-Jährigen gaben an, keine bis maximal vier Sozialkontakte an einem normalen Wochentag zu haben. Bei den 18- bis 59-Jährigen war der Anteil mit so wenigen Kontakten deutlich niedriger (22 Prozent), dennoch fühlten sie sich einsamer als die Älteren.[11] Warum erwähne ich eine solche Studie im Zusammenhang mit Demokratie und Beteiligung? Aus zwei sehr wichtigen Gründen: Zum einen ist Selbstwirksamkeit zu erleben das Gegenteil von Einsamkeit, zum anderen stellt mangelnde Vernetzung ein Marginalisierungsmerkmal dar.

Wir Menschen sind soziale Wesen, wir brauchen die ande-

---

11 Deutsche Depressionshilfe und Suizidprävention: Deutschland-Barometer 2023. Schwerpunktthema »Einsamkeit«, 7.11.2023, abrufbar unter: www.deutsche-depressionshilfe.de/pressematerial-barometer-depression

ren, und wir wollen selbst gebraucht werden. Das sind die Grundkonstanten unseres Zusammenlebens. Alles Weitere sind Ausformungen und individuelle Spezialitäten. Auf unsere Lebens- und auf die politischen Verhältnisse können wir daher auch nur Einfluss nehmen, wenn wir in Begegnung und im Austausch mit anderen sind. Vielen Menschen bietet sich jedoch überhaupt keine Gelegenheit dazu. Ihnen fehlt die Vernetzung. Das ist ein Marginalisierungsmerkmal, auf das viel zu wenig geachtet wird. In den politischen Debatten wird meist von finanziellen Problemen gesprochen und an irgendwelchen Zahlen wird festgemacht, ob jemand arm ist oder nicht. Ich will den Druck und die Benachteiligung, die durch beengte finanzielle Verhältnisse und Armut entstehen, auf keinen Fall kleinreden. Aber Armut ist nicht nur ein materielles Problem, das dazu führt, dass Menschen abgehängt werden. Fehlende soziale Beziehungen sind extrem wichtig und werden meiner Ansicht nach bei Strategien zur Bekämpfung von Armut nicht genügend berücksichtigt.

Ganz besonders trifft dieser Mangel an Beziehungen Migranten. Wer neu ins Land kommt, ist auf eine Weise allein, die sich die deutsche Mittelschicht überhaupt nicht vorstellen kann. Umgekehrt: Wer vernetzt ist, genießt Privilegien. Er kann aktiv sein und am sozialen Leben teilhaben, obwohl er arm ist. In meiner Zeit in der Piratenpartei war ich noch Studentin, mir standen 600 Euro Bafög im Monat zur Verfügung. Mehr als die Hälfte davon ging für meine Miete weg, blieben also noch gut 250 Euro für alles andere. Als ich Geschäftsführerin der Partei wurde, musste ich durch ganz Deutschland reisen, Interviews geben, Versammlungen besuchen und auf Parteitagen auftreten. Ein Gehalt als Geschäftsführerin erhielt ich nicht, es lief alles ehrenamtlich und ohne Honorar. Von meinem monatlichen Bafög-Rest hätte ich mir kein Hotelzimmer leisten können. Aber: Ich war gut mit den Parteikollegen vernetzt. Wenn eine Wahlkampftournee anstand, übernachteten wir vom Vorstand einfach in Schlafsäcken auf dem Wohnzimmerboden des Landesgeschäftsführers. Keiner von uns hatte Geld, aber wir waren sozial verbunden und nur deshalb konnten wir aktiv werden und öffentlich handeln.

»Vernetzung« benutze ich hier als Oberbegriff für alle möglichen Verbindungen, für Freundeskreise, engere berufliche Kontakte und Ähnliches. Selbst wenn diese Beziehungen zunächst einmal vollkommen unpolitisch wirken und es von ihren ursprünglichen Motiven her auch sind: Sie entfalten eine politische Wirkung. Weil ein Austausch stattfindet, eine Begegnung mit anderen Meinungen, ein Erkennen von gemeinsamen (oder widerstreitenden) Interessen. Mit jemandem in Kontakt zu treten ist immer eine kleine Grenzüberschreitung, im positiven Sinne. Man öffnet sich und lernt gleichsam ein neues Land kennen. Deshalb ist Vernetzung so wichtig.

Allerdings ist es oft nicht so einfach, diese Verbindungen herzustellen. Meine Mutter war 26, als sie nach Deutschland kam, mit zwei schwerkranken Kindern und einem Koffer. Sie war »sprachlos«, konnte sich auf Deutsch so gut wie gar nicht verständigen, und die neue Umgebung machte ihr das Einfinden in die Verhältnisse nicht gerade leicht. Das Sozialamt wies uns eine Wohnung in einem Haus zu, in dem außer uns nur ältere Frauen lebten. Sie beschwerten sich dauernd, dass wir Kinder durch die Wohnung liefen – dabei waren wir wirklich stille Kinder. Das waren die einzigen alltäglichen Kontakte, die meine Mutter hatte, wir Kinder und die schimpfenden Frauen.

Man könnte natürlich einwenden, dass sie sich einfach etwas mehr Mühe hätte geben sollen, um mit den Damen in Kontakt zu kommen oder schneller Deutsch zu lernen. Ja, das könnte man einwenden. Aber einem Menschen, der mit der Bewältigung seines Lebens schon dermaßen überlastet ist, hilft ein solcher Hinweis meistens nicht. Vielmehr braucht er eine offene Situation, eine Gelegenheit, um Schritte nach draußen zu unternehmen – oder sogar eine Einladung.

In den allermeisten Städten und Kommunen Deutschlands fehlen solche offenen und öffentlichen Begegnungsräume. Wir gehen durch die Stadt als Konsumenten, also im Grunde nur, wenn wir etwas kaufen möchten. Und selbst wenn wir das nicht wollen, tun wir's dennoch, weil wir in der Innenstadt quasi gar nichts anderes machen können als zu konsumieren. Kontakte beschränken sich auf das Minimum, das für den Erwerb eines Mantels oder elektronischen Geräts eben nötig ist. Es gibt keinen gemeinsamen Anlass, um irgend etwas Konstruktives zu beginnen. Wenn wir uns hinsetzen wollen, geht das oft nur in einem Café, wo wir auch wieder etwas erwerben müssen. Wo können wir uns mit Freunden in der Öffentlichkeit treffen, ohne Geld auszugeben? Ein paar Parkbänke kommen bei sehr gutem Wetter infrage, in meiner Stadt Münster geht das. Aber in anderen Städten ist das schon nicht mehr so einfach – und schon gar nicht immer angenehm.

Unsere Kommunalpolitiker haben immer die Sorge, dass die City ausstirbt, wenn Karstadt oder Primark schließt. Dabei ist das Gegenteil der Fall. Die Reduzierung der Innenstadt auf Shoppingzentren und Filialisten führt erst recht dazu, dass das kreative Leben verschwindet. Meiner Ansicht nach brauchen wir dringend öffentliche Orte, an denen wir ohne Kaufabsicht zusammenkommen und gemeinsam etwas unternehmen können. Ich denke an Cafés, in die die Gäste ihr eigenes Essen mitbringen, an öffentliche Gärtnereien, in denen Leute gemeinsam etwas pflanzen, Werkstätten, Nähateliers, Studios, in denen sich Menschen aller Gehaltsklassen einfach treffen, mit anderen Menschen in Kontakt kommen, eine neue Fähigkeit lernen, einander etwas beibringen, jemandem helfen und sich nützlich fühlen. So etwas gibt es tatsächlich, aber viel zu selten. In Wuppertal arbeitete ich vor einigen Jahren in einem Elternverein, in dem russische Migranten deutschen Jugendlichen Nachhilfe in Physik und Mathematik erteilten. Die deutschen Schüler revanchierten sich, indem sie ihnen Deutsch beibrachten. Beide Seiten haben sich wertvoll und selbstwirksam gefühlt, sie wurden ernstgenommen. Keiner hat von oben herab etwas spendiert, keiner war Konsument, sondern beide Seiten haben etwas füreinander getan. Solche Konzepte, solche Orte, etwa die mit der Volkshochschule zusammengelegte Bibliothek mit offenem Café – die brauchen wir! Ich nenne sie Volkshochkneipen. In Anlehnung an wichtige Orte der Begegnung, deren unterschiedliche Vorteile durchaus gemeinsam genutzt werden könnten.

Kneipen waren früher oftmals solche Orte, häufig vor allem die Gaststätten der Brauereien, in denen sich die Menschen ohne Rücksicht auf irgendwelche Schichtzugehörigkeiten oder finanzielle Leistungskraft trafen. Es waren klassenübergreifende Zonen, wo man mit dem Nachbarn am Nebentisch redete, ohne ihn zu kennen. Und auch wenn der eine deutlich teurere Jacke trug als man selbst: machte nichts. War vielleicht sogar der Anlass für eine freche Bemerkung, die der Jackenbesitzer mit Lachen quittierte. Es gibt diese Kneipen vielerorts noch immer, vielleicht etwas weniger »völkerverbindend« als früher, aber immerhin. Auch hier allerdings der Nachteil: Man muss etwas konsumieren. Und für Menschen, die keinen Alkohol trinken, sind diese Gaststätten nicht gerade anziehend, selbst wenn sie dort einen Apfelsaft bekommen können. Andere Ansätze sind Repaircafés, Kleidertauschbörsen und Ähnliches, häufig von Kirchen oder Stadtteilinitiativen organisiert. Es sind gute Aktionen, aber es sind wenige, und es steht immer ein Zweck im Vordergrund. Was nicht heißt, dass es nicht auch zu einem Austausch über andere Dinge käme. Doch im Wesentlichen ist es so: Die anlasslose, vielleicht sogar zweckfreie Begegnung hat keinen Raum bei uns. Aber gerade sie ist ein Laboratorium der Ideen, der Tummelplatz der Phantasie.

Ich will nicht behaupten, dass die Kommunen gar nichts tun, um den Menschen Begegnungen zu ermöglichen. In den allermeisten Orten gibt es zahlreiche Beteiligungsangebote. Mein Eindruck ist, dass Angebot und Bedarf nicht immer zusammenpassen. Wenn man ins Foyer eines Rathauses oder einer Stelle der Stadtverwaltung kommt, sieht man dort in der Regel einen großen Ständer mit Broschüren aller Art. Führungen, soziale Leistungen, Infos für Neuankömmlinge, Wege durch den Behördendschungel, Aktiv gegen Einsamkeit, 55plus ist doch kein Alter usw. usf. – eine große Kollektion an hilfreichen Angeboten. Doch viele Menschen, für die sie infrage kämen, wissen wahrscheinlich gar nichts davon. Oder die Kriterien sind unscharf. Was verbindet etwa Menschen, die älter als 55 Jahre sind, über ihr Alter hinaus so miteinander, dass sie an einem gemeinsamen Programm teilnehmen wollten?

Sicherlich schaffen es manche Städte und Gemeinden besser, die Bürger am städtischen Leben allgemein und an relevanten Entscheidungen zu beteiligen als andere. Aber so groß kann der Erfolg insgesamt nicht sein. Seit Jahren hören wir Klagen über die geringe Beteiligung an Kommunalwahlen. Nahezu die Hälfte der Bürgerinnen und Bürger fühlt sich nicht angesprochen oder kann sich nicht aufraffen, alle vier oder fünf Jahre an einer Kommunalwahl teilzunehmen. In einigen Bundesländern ist das Kommunalwahlrecht sehr kompliziert, das mag manchen abschrecken. Es kann jedoch nicht der Hauptgrund für so viele Wahlberechtigte sein, ihr Recht nicht wahrzunehmen.

Es wirkt paradox, dass die Bürgerinnen und Bürger ausgerechnet die kommunale Ebene, die ihnen doch am nächsten sein müsste, so nachlässig behandeln. Im eigenen Ort können sie sich relativ einfach selbst ein Urteil zu irgendwelchen städtischen Vorhaben bilden, weil sie die Verhältnisse einigermaßen kennen, anders etwa als oft auf Bundesebene. Wenn eine Partei vorschlägt, die breiteste Straße der Stadt für Autos zu sperren, können Bürger als Fahrradfahrer und / oder Autobesitzer ungefähr einschätzen, was das für den Verkehr, für einzelne Teilnehmer und sie selbst bedeutet. Sie können hinfahren und sich die Situation anschauen. Aber meist machen sie es nicht, und oft behalten sie zudem ihre Stimme für sich. Vielleicht auch, weil sie sich fragen: »Was bringt's? Im nächsten Jahr gebe ich wieder meine Stimme ab, aber damit unterstütze ich zwanzig Projekte einer Partei, von denen mir acht nicht gefallen. Mir geht's im Moment nur um die Fahrradstraße.« Wo soll ein solcher Bürger mit seinem Anliegen hin? Wenn die Gemeinde zum Beispiel aula installiert hätte, könnte es eine Debatte über genau dieses Projekt geben. Keine Volksabstimmung, sondern zunächst mal ein Zusammentragen von

Argumenten für und gegen den Plan, von Alternativen, Informationen über Beweggründe, zu den Kosten usw. Es gibt immer wieder Bürgerbefragungen, das weiß ich. Das ist aber nicht dasselbe wie eine Debatte und ein gemeinsames Eruieren der Möglichkeiten. Die meisten Bürgerbefragungen sind relativ starre Instrumente, in denen vorgegebene Fragenkataloge abgearbeitet werden, die im schlechtesten Falle so konzipiert sind, dass sie auf das gewünschte Ergebnis hinlenken. Ein Gespräch mit den Initiatoren oder gar ein Austausch der Befragten im eigentlichen Sinne findet nicht statt.

Öffentliche Orte zu schaffen muss keine große Aktion sein, und schon gar nicht viel kosten. Ich möchte ein Beispiel erzählen: Eines Tages standen in Münster an vielen Stellen Behältnisse mit Wasser, das die Menschen nutzen sollten, um die Bäume vor ihrer Haustür zu gießen. Unsere Familie hat das regelmäßig gemacht, und eines Tages kamen wir auf die Idee, dass wir doch auch etwas um den Baum herum pflanzen könnten. Wir haben keinen Garten, so wäre das doch wenigstens ein kleiner Ersatz. Eine gute Idee – aber gar nicht so originell, wie ich dachte. Die Stadt unterstützte solche Aktivitäten nämlich schon längst. Wir konnten uns auch eine kleine Plakette holen, die den Bereich als betreute Fläche auswies. Meine Tochter und ich legten also einen Minigarten um den öffentlichen Baum herum an, gossen alles mit dem Wasser aus dem städtischen Behältnis und fühlten uns wie große Gartengestalterinnen.

Eines Tages kam eine Nachbarin vorbei und erkundigte sich, was wir da machten. Meine Tochter erklärte ihr äußerst fachmännisch, welche Pflanzen wir ausgewählt hatten und aus welchem Grund, wo wir die Samen herbekamen und alles, was ihr in diesem Zusammenhang wichtig war, unter anderem ihren Stolz auf dieses prächtige Fleckchen. Es war ein schönes Gespräch zwischen uns Dreien, das wir gelegentlich wiederaufnahmen. Und als wir in Urlaub fuhren, baten wir die Nachbarin, das Gießen zu übernehmen. Ein anderer Nachbar beteiligte sich mit einer eigenen Pflanze, weitere stellten zusätzliche Blumenkästen um den Baum herum. Plötzlich kannte ich die Namen meiner Nachbarn, die ich vorher nur mit Kopfnicken gegrüßt hatte (wenn überhaupt), und aufgrund der gemeinsamen Interessen war das Viertel enger zusammengerückt. Es war eine Offenbarung für mich, denn bis dahin hatte ich mich nicht für kommunale Strukturen oder für Nachbarschaften interessiert. Diese Zurückhaltung war auch ein Erbe der Erfahrungen meiner neu in Deutschland angekommenen Mutter. Aber die Gartengeschichte hier war etwas völlig anderes. Und sie zog Kreise. Einer der Nachbarn erzählte beim Gießen vom Hafenforum, einer Online-Beteiligungsplattform, auf der sich die Bürgerinnen und Bürger in die Gestaltung eines Viertels einbringen konnten. Ich war begeistert und begann, mich für die Entwicklung des Hafenforums zu interessieren. Und das alles nur, weil die Stadt Wasserbehältnisse aufgestellt hatte – preiswert und einfach. Das Übrige ergab sich ganz von selbst.

So etwas geschieht, wenn Menschen kommunale Räume bekommen, um zu wirken. Die Stadt hatte einen dritten Ort entstehen lassen, zusätzlich zu den privaten Räumen und den öffentlichen Konsumzonen. Sie hatte im Grunde Anknüpfungspunkte angeboten, um Bürger miteinander ins Gespräch zu bringen. Das meine ich mit: Strukturen schaffen das gewünschte Verhalten. Es braucht immer Aufhänger und Reize, und die können durchaus positiv sein. Normalerweise funktionieren Negativreize leichter, weil wir Menschen energiesparende Wesen sind. Wir wollen verbessern, was nicht passt, wollen Gefahren abwenden. Wir investieren selten Kalorien, um einfach irgendwas nur mal auszuprobieren. Das tun nur wenige Menschen, die über sehr viel äußere oder innere Ressourcen verfügen, also Geld oder psychische Stabilität. Die meisten Menschen sind so eingeschränkt in ihren Ressourcen, dass sie sich eher darauf konzentrieren, Negatives abzuwenden. Ich erinnere an das Beispiel des Schülers, der zum ersten Mal aktiv wurde, als das Fußballtor in der Schule abgebaut werden sollte. Das Verhalten ist nachvollziehbar, doch Positives entsteht nicht lediglich dadurch, dass wir Negatives abwenden. Konstruktives Wirken, insbesondere Zusammenwirken, schafft erst die Bedingungen für ein gedeihliches persönliches und gesellschaftliches Leben. Und Anknüpfungspunkte dafür zu schaffen ist eine enorm wichtige Aufgabe, die die Kommunen viel zu selten auf ihrer Agenda haben.

Die Stimme erheben

Bildung und Beteiligung sind Beziehungsarbeit. Es hängt sehr stark von meinem Verhältnis zum Lehrer ab, ob ich willens bin, in die Tiefen der lateinischen Grammatik oder der Flächenberechnung nach der Keplerschen Fassregel einzusteigen. Psychologisch gesehen sind Menschen dazu veranlagt, über Beziehungen zu lernen. Ebenso hängt das politische Vertrauen stark davon ab, welche Beziehungen oder sagen wir vielleicht lieber: welchen Bezug die Bürger zu Politikern allgemein und zu ihren Abgeordneten speziell haben. Viele Einschätzungen laufen über die Optik. Oft wirkt jemand vertrauenswürdig und kompetent, weil er ein bestimmtes Aussehen und Auftreten hat. Das Alter und das Geschlecht spielen eine Rolle, die Rhetorik, der Witz und die Schlagfertigkeit. Die Inhalte und Positionen, die jemand vertritt, sind nicht unwichtig, aber entscheiden mit Sicherheit nicht allein.

Häufig ist der Vorwurf zu hören, Politiker wüssten ja überhaupt nicht, was die Bürger wollen, weil sie keinen Kontakt zu ihnen haben. Das stimmt einerseits. Plakativ gerechnet: In Deutschland leben ca. 84 Millionen Menschen, davon sind 72 Millionen Deutsche, von diesen wiederum sind gut 61 Millionen auf Bundesebene wahlberechtigt. Der 20. Bundestag (gewählt 2021) umfasst rund 740 Abgeordnete. Statistisch gesehen vertritt also ein Abgeordneter ca. 97 000 Deutsche, vom Baby bis zum Greis; dazu kommen noch die Belange der Nicht-Deutschen, die er in gewisser Hinsicht berücksichtigen muss. Also leuchtet es unmittelbar ein: Ein Bundestagsabgeordneter kann diese vielen Menschen gar nicht alle kennen. Andererseits muss man beim Vorwurf der zahlenmäßigen Diskrepanz berücksichtigen, dass die 97 000 Deutschen, die ein Abgeordneter vertritt, ja nicht 97 000 vollkommen verschiedene Anliegen haben. Zudem gibt es mehrere Ebenen der politischen Vertretung, etwa auf kommunaler und auf Landesebene. Das heißt, die Interessen eines Bürgers werden – ganz allgemein – von mehreren Personen auf mehreren Ebenen vertreten, die Größenverhältnisse verändern sich dadurch also. Das ist die reine Zahlenlage. Konkret könnte man aber den Vorwurf auch umdrehen: Die Bürger sagen den Abgeordneten viel zu wenig, was sie interessiert und welche Meinung sie zu einem bestimmten Thema oder einer anstehenden Entscheidung haben. Wollen die Politiker das vielleicht gar nicht wissen? Ich denke doch. Zum einen weil sie die Stimme ihrer Wähler erneut gewinnen wollen, zum anderen weil sie Abgeordnete in einer repräsentativen Demokratie sind, also nicht nur ihre Wähler, sondern die Interessen aller vertreten sollen. Daher der Begriff Volksvertreter. Selbst wenn der Anspruch mit der Wirklichkeit nicht immer übereinstimmt: Das ist das System und das sind seine Möglichkeiten. Jeder Bürger sollte also nicht nur einmal bei der Wahl seine Stimme abgeben, sondern sie auch zwischendurch erheben. Die besten Ergebnisse lassen sich meiner Erfahrung nach mit einer eher altmodischen Methode erreichen: indem man einen Brief schreibt. Keine Mail, sondern einen richtigen Brief, auf Papier.

Es wirkt vielleicht ein bisschen komisch, dass ich als Digitalisierungsfan auffordere: Schreiben Sie Ihrem Abgeordneten einen klassischen Brief. Nennen wir es einfach paradoxe Strategie. Gerade weil so vieles über Mail läuft, fällt ein Brief mehr auf. Es ist nicht sehr schwer, seinem Abgebordneten einen Brief zu schicken. Jeder hat ein Wahlkreisbüro an seinem Ort, das lässt sich über Google leicht rausfinden. Das Büro gibt eine Mail-Adresse und eine Kontaktadresse an. Ich würde immer dafür plädieren, die Kontaktadresse zu nutzen und einen richtigen, physischen Brief zu schreiben. Gerade ältere Abgeordnete nehmen einen Brief wahrscheinlich noch ernster als eine Mail. Und das Durchschnittsalter im Bundestag beträgt immerhin über 47 Jahre.[12] Briefe haben außerdem eine andere Wertigkeit, weil sie sich nur mit einem gewissen Aufwand

12 www.bundestag.de/resource/blob/272474/3c8da5a8d3b2b1c1a2829f60024ad363/Kapitel_03_02_Durchschnittsalter-pdf-data.pdf, abgerufen am 15.11.2023

massenhaft verschicken lassen. Abgeordnete sind in der Regel sehr dankbar für konstruktive Wortmeldungen von ganz normalen Menschen. Es ist besonders wichtig, sie mitzuteilen, weil sich andere Gruppen überdurchschnittlich laut äußern, und das sind Querdenker und Extremisten aller Art. Sie sind besonders aktiv, verfassen Briefe, rufen an, schicken E-Mails. Auf Social Media sind sie äußerst präsent. Ich sehe es an meinem eigenen Postfach. Und dabei bin ich keine Abgeordnete, sondern einfach nur eine politisch aktive Bürgerin und Publizistin.

Wenn ein Bundestagsabgeordneter sehr viele Äußerungen zu einem Thema erhält, kann er sehr leicht zu dem Schluss gelangen, dass die Mehrheit seiner (potenziellen) Wähler so denkt wie die Verfasser dieser Wortmeldungen. Und es könnte sein, dass er das Thema Migrationsabwehr auf seine Agenda setzt, weil das in vielen Botschaften an ihn enthalten ist. Er glaubt, dass das für viele oder die meisten das wichtigste Thema ist. Aber möglicherweise stimmt das gar nicht, und er kommt nur deshalb darauf, weil er von den besorgten Bürgern, die meinen, dass wir zu wenig gegen Kinderarmut tun oder die Infrastruktur in ihrer Region in katastrophalem Zustand ist, nichts weiß. Deren Anliegen rutschen nach unten. Um also ein Zeichen zu setzen und die eigenen Anliegen sichtbar zu machen, kann es sehr sinnvoll sein, einen Brief zu schreiben. Es reicht nicht, einmal alle vier oder fünf Jahre seine Stimme abzugeben. Zwischenmeldungen sind dringend erwünscht. Sonst verschenkt man seinen Anteil an der politischen Macht.

Meine Erfahrungen mit persönlichen Briefen an Abgeordnete sind sehr gut, insbesondere wenn es um handfeste, konkrete Vorschläge geht. Nicht: »Machen Sie endlich mehr für das Klima.« Sondern: »Ich wünsche mir ein bundesweites Tempolimit von 130 km/h. Dadurch entstehen fast 1 Milliarde Wohlfahrtsgewinne, wie es in *Ecological Economics* zu lesen ist.«[13]

Ich habe vor einiger Zeit einmal in einem Podcast dazu aufgerufen, Briefe an die Abgeordneten zu schreiben. Die Reaktion war überwältigend. Es kam ein gigantischer Rücklauf zustande, über hundert Hörer meldeten sich. Viele wussten gar nicht, dass man sich direkt an den Abgeordneten wenden kann, andere hatten einen Aktivitätsschub und berichteten, dass sie noch am selben Tag einen Brief verfasst hatten. Die Schreiber erhalten sicher eine Antwort, vielleicht auch ein Gesprächsangebot. Und selbst wenn sie eine Copy-and-Paste-Rückmeldung bekommen: Sie haben dokumentiert, dass es Menschen gibt, die an einer konkreten, handfesten Politik interessiert sind, und das Feld nicht den Krakeelern überlassen wollen.

Auch wenn es nicht um die Ebene der organisierten Politik geht, gibt es eine Fülle von Möglichkeiten, sich am öffentlichen Leben zu beteiligen, im Sportverein, im Jugendrat, als Ehrenamtler, bei den Schützen, in der Kirche, im Freundeskreis der Bücherei usw. Es gibt viele, viele Stellen, an denen wir üben können, unsere eigenen Ansichten einzubringen und

13 Stefan Gössling, Jessica Kees, Todd Litman, Andreas Humpe: »The economic cost of a 130 kph speed limit in Germany«, in: Ecological Economics, Vol. 209 (2023), doi.org/10.1016/j.ecolecon.2023.107850, abgerufen am 29. 11. 2023

vorab überhaupt erst einmal zu erkennen: Das hier ist ein System, das nach bestimmten Regeln läuft. Und wenn ich etwas erreichen will, dann sollte ich dies oder jenes tun. Es ist ein wunderbares Trainingsprogramm für andere Bereiche. Und dabei keine Fron, schließlich sind es Felder, in denen ich mich verwirklichen kann, in denen ich Spaß habe, Leute kennenlerne, Sport treibe, meine Welt gestalte. Lokales Engagement ist ein wesentlicher Hebel für alle politischen Angelegenheiten. Viele Menschen, die nicht in solche Betätigungsfelder hineingewachsen sind, zögern, den ersten Schritt zu machen, weil sie befürchten, nicht willkommen zu sein. Es gibt natürlich immer »Clubs«, die keinen Neuen mehr hereinlassen wollen, aber die Regel ist das nicht. Im Gegenteil, die weit überwiegende Mehrheit ist heilfroh: Endlich klopft jemand bei uns an, nur hereinspaziert! Ich habe, weil sowjetisch sozialisiert, eine ganze Weile gebraucht, bis ich verstanden habe, dass engagierte Menschen wirklich froh sind, wenn sie Mitstreiter gewinnen. Es war eine der größten Überraschungen, die mir diese Gesellschaft bot: Die Bereitschaft, sich freiwillig an etwas zu beteiligen, stößt auf großes Entgegenkommen.

Sehr oft höre ich den Einwand: Ich würde ja gern, aber ich habe keine Zeit. Ich arbeite schon den ganzen Tag und bin dann k. o., da kann ich mich nicht abends auch noch irgendwo einbringen. Ich kann das einerseits nachvollziehen, weil ich selbst mit der wenigen Energie, die mir aufgrund meiner Erkrankung zur Verfügung steht, sehr sparsam umgehen muss. Aber generell ist es so, dass wir uns im Vorhinein nur sehr schlecht vorstellen können, was eine Veränderung in uns bewirken wird. Wir unterschätzen fast immer, wie viel Energie uns sozialer Zusammenhalt gibt. Denn oft ist die Erschöpfung, die wir nach der Arbeit spüren, in Wirklichkeit stressbedingt oder Zeichen eines Burnouts, der dadurch ausgelöst wird, dass wir uns aufgrund der Arbeit von uns selbst oder von der Gesellschaft entfremdet haben. Wir sind einsam und leiden darunter, dass wir mit unserer täglichen Arbeit nichts Sinnvolles leisten. Gerade dann ist das Ehrenamt etwas, das nicht noch mehr Energie raubt, sondern im Gegenteil Energie spendet. Jeder, der sich irgendwo regelmäßig engagiert, kennt die Situation: Heute Abend geht es einfach nicht, nach diesem anstrengenden Tag kann ich nicht noch was erledigen. Dann schleppe ich mich aus Pflichtgefühl trotzdem hin und komme frischer raus, als ich reingegangen bin. Der Mist des Arbeitstages spielte zwei Stunden lang keine Rolle mehr, weil ich mich auf etwas anderes fokussiert habe. Vielleicht hatte ich sogar ein Erfolgserlebnis, weil ich eine Sache platzieren konnte, für die es bisher noch nie eine günstige Gelegenheit gab. Aber das kann ich mir natürlich nicht recht vorstellen, wenn ich mit Ärger und Frust beladen aus dem Büro komme und mich zu Hause erschöpft auf das Sofa sinken lassen. Ich könnte es jedoch wissen, wenn ich es schon einmal erlebt habe. Und dann liegt die Kunst lediglich darin, mich an dieses Ereignis zu erinnern.

Eins unserer Lebensbedürfnisse besteht darin, mit anderen Menschen zusammen zu sein und gebraucht zu werden. Wenn dieses Bedürfnis dauerhaft nicht erfüllt wird, geht es uns nicht gut. Wir fühlen uns müde und leer. Dann sind wir intuitiv nicht bereit, Energie zu investieren, um andere Menschen kennenzulernen. Meine kostbaren wenigen Kräfte will ich lieber für mich behalten, statt sie durch solches Handeln zu verschleudern. Dieser Gedankengang sieht zwar logisch aus, aber in der sozialen Wirklichkeit ist das Gegenteil der Fall. Denn unser evolutionär entstandener Körper und unser Gehirn haben uns zu Herdentieren gemacht, nicht zu Solitären. Außerdem wollen wir einen Sinn fühlen in dem, was wir tun. Wenn unsere Arbeit oder etwas anderes, an das wir uns – aus welchen Gründen auch immer – gebunden fühlen, uns diesen Sinn nicht in vollem Umfang gibt, wenn wir uns nicht gebraucht und wertgeschätzt fühlen, dann müssen wir das irgendwo anders in unserem Leben suchen, allein für unsere psychische Gesundheit. Deshalb lohnt der Energieeinsatz, den wir in den Aufbau und in die Erhaltung sozialer Beziehungen stecken.

Das Vertrauen in die Welt hängt wesentlich davon ab, dass wir Menschen um uns haben, mit denen wir in Beziehung stehen. Nur dann können wir unseren eigenen Ort finden und agieren. Ich muss diesen Menschen als selbständiger, ebenbürtiger Mensch gegenübertreten können. Dann erlebe ich mich als selbstwirksam, nicht als ohnmächtig. In Krisensituationen ist die Selbstwirksamkeit das Erste, was wiederhergestellt werden muss, weil sie essenziell für uns ist. Das kann sich ganz einfach äußern, in kleinen Entscheidungen über scheinbar marginale Dinge. Ein Beispiel: Die Mitarbeiter der psychosozialen Nothilfe, die bei schweren Unfällen oder anderen Katastrophen gerufen werden, beginnen auf ganz niedriger Ebene, damit der Betroffene dem Trauma des totalen Kontrollverlusts – und nichts anderes sind solche Situationen – etwas entgegensetzen kann. Nämlich durch eigene, selbstwirksame Handlungen: Die Mitarbeiter überantworten dem Betroffenen eigene Entscheidungen. Sie bemuttern diesen Menschen nicht oder nehmen ihm alle Aufgaben ab, weil er Schweres durchgemacht hat, sondern lassen ihm Raum, selbst etwas zu tun: sich aus der Wasserflasche einzugießen, den Aufzugknopf zu drücken oder zu entscheiden, auf welchem Stuhl er sitzen will. Die Person soll nicht steckenbleiben in dem katastrophalen Gefühl, total ausgeliefert zu sein, sondern sie soll fühlen: Ich habe die Entscheidung getroffen und mir das Wasser eingegossen, ich habe den Aufzugknopf gedrückt, und ich habe entschieden, wohin ich mich setze. Ich gewinne die Kontrolle zurück.

Es muss keine Katastrophe sein, auch sonst ist es absolut zentral für die individuelle psychische Stabilität und für das allgemeine demokratische Handeln, sich als selbstwirksam zu erleben. Ich habe den Eindruck, dass uns diese Grundkenntnis gelegentlich abhandenkommt. Jede öffentliche Krise wird mit Zuwendungen abgefedert – das ist zumindest die Intention. Hier ein Geldpaket und dort noch eins. Wir haben viele Krisen, Klima, Wirtschaft, internationale Beziehungen usw., alles scheint sich im Krisenzustand zu befinden. Viele meinen, wir hätten eine Dauerkrise. Was aber ein Widerspruch in sich ist. Dem Sinn nach bedeutet Krise den kurzen Zeitraum unmittelbar vor einem Wendepunkt. Der ist naturgemäß nicht beliebig verlängerbar. Ich meine, wir haben keine Dauerkrise, sondern in Wahrheit einen Zustand, der dynamisch ist und in dem Entscheidungen getroffen werden müssen, auch unangenehme. Anstatt Symptome zu behandeln, nehmen selbstwirksame, dynamisch denkende Menschen den Kern der Krise in den Blick. Anstatt etwa den Bankensektor ständig zu retten, prüfen sie Regulierungsoptionen. Statt nur Opfer von Flutkatastrophen finanziell zu unterstützen, arbeiten sie gegen Klimawandel und Bodenversiegelung. Sie gehen, mit einem Wort, Probleme so an, als ob ihnen wirklich daran läge, sie zu lösen.

Wenn ich jemand bin, der in der Lage ist, Entscheidungen zu treffen, dann fühle ich mich diesem Zustand gewachsen. Ich sehe mich nicht als Opfer der Umstände, sondern kann nachvollziehen, was in einer bestimmten Lage getan werden kann und eben auch muss. Dann brauche ich auch keine Verschwörungsmythen, um mir die Handlungen von »denen da oben« zu erklären.

Die Demokratie bin ich

Deutschland ist ein großartiges Land. Ich liebe es, weil es mich aufgenommen hat, als meine Familie aus der Ukraine hierhergekommen ist. Ich liebe es, weil es viele gute Seiten und großes Potenzial hat. Dabei ist mir die Nation an sich gar nicht so wichtig. Ich spreche von Deutschland, weil ich auf Deutsch schreibe, weil alle es verstehen, weil sich alles, was ich habe, hier befindet und viele gute Leute in der Nähe wohnen. Allerdings sehe ich auch die Probleme. Ich glaube, weil wir hier im Wohlstand leben und den Eindruck haben, dass alles im Großen und Ganzen funktioniert, haben wir das Gestalten verlernt. Wir sind ins Verwalten gekommen. Es findet wenig, viel zu wenig Politik statt – Politik verstanden als Diskursraum, in dem Dinge wirklich entschieden werden, in dem die Weichen gestellt werden für eine gelingende Zukunft. Die Parteipolitik ist damit beschäftigt, die Dinge am Laufen zu halten und regelmäßig Pflaster in Form von Geldpaketen auf »wunde« Stellen zu kleben. Das reicht nicht, um die vielen Herausforderungen zu bewältigen, denen wir uns gegenübersehen. Es braucht den Einsatz von uns allen, um Lösungen zu entwickeln, mit denen wir tatsächlich die Veränderungen herbeiführen können, die notwendig sind. Wir müssen radikaler werden, also im wahrsten Sinne des Wortes an die Wurzeln gehen. Wenn wir an der Oberfläche bleiben, werden wir nichts schaffen.

Dafür muss meines Erachtens unsere Demokratie demokratischer werden, das heißt, mehr Beteiligung von mehr Menschen ist nötig. Nicht über geschlossene Bürgerbefragungen und ab und zu einem Kreuzchen auf einem Stimmzettel. Sondern direkt und selbst. Wir haben Instrumente, mit denen wir das bewerkstelligen können. Demokratie hat für verschiedene Arten von Fragen verschiedene Mittel der Entscheidungsfindung. Die direkte Demokratie für emotionale, simple Fragen. Bürgerräte für emotionale, komplizierte Fragen. Und Repräsentanten für nicht-emotionale, komplizierte Fragen. Dazu können noch potenzielle digitale Beteiligungsformen kommen. So etwas wie aula, nur größer. Das ersetzt keine repräsentative Demokratie – für bestimmte Fragen könnte es aber ein zusätzliches geeignetes Werkzeug sein. Digitalität ist ein Mittel, das uns erlaubt, aus dem »Postkutschenzeitalter« unserer Demokratie herauszukommen. Die Praxis unseres repräsentativen parlamentarischen Systems ähnelt nämlich der Zeit, in der die Leute in einer Kutsche in die Hauptstadt fahren mussten, um sich politisch zu beteiligen. Und ist in der Bauform eine hierarchische Pyramide politischer Partizipation: Es geht vom Stammtisch zum Kreisverband, von dort zum Landesverband und weiter in den Bundesverband und dann wieder zurück. Es war eine sinnvolle Form und ist es an manchen Stellen auch noch heute. Aber in einer Gesellschaft, in der wir alle direkt miteinander vernetzt sind, sollten wir die Möglichkeiten besser nutzen, die wir haben, um wirklich direkt auf Entscheidungen einzuwirken. Ich sage dazu: Wir brauchen eine zweite Welle der Aufklärung. So, wie in der frühen Neuzeit der Buchdruck dazu beigetragen hat, dass sich viel mehr Menschen bilden und ein Urteil erlauben konnten, so können wir heute digitale Mittel nutzen, um mehr Menschen in die Gestaltung ihrer Welt einzubeziehen. Es wäre eine Möglichkeit, um viele Menschen aus ihrer »Weltlosigkeit«, wie es Hannah Arendt nennt, herauszubringen, heraus aus dem Desinteresse an dem Raum, in dem sie leben.

Das ist zunächst einmal die nahe Umgebung, also etwa die Kommune. Denn Demokratie entsteht nicht auf Bundesebene, sondern vor Ort, in den Kitas, in den Schulen und Innenstädten. Genau da, wo Menschen miteinander in Kontakt sind, wo sie Probleme sehen, die sie gemeinsam angehen können. Oder wo sie Chancen erkennen, etwas auszuprobieren. Ich möchte das Schulsystem als Vehikel für demokratische Bildung nutzen, weil alle Menschen durch die Schule gehen. Weil wir hier nicht nur die von sich aus Engagierten erreichen, sondern auch die, die in der letzten Reihe auf ihrem Stuhl kippeln, mit verschränkten Armen und der Haltung: Das geht mich alles gar nichts an. An die müssen wir herankommen. Wir müssen ihnen etwas zutrauen, damit sie sich selbst etwas zutrauen. Das geht nur über Beteiligung, und zwar über ernstgemeinte. Dass die Volksvertreter Vorschläge dankend entgegennehmen, irgendwo abheften und so weiter machen wie bisher: Das können wir uns nicht leisten, das wird nicht mehr funktionieren.

Es klingt vielleicht wie ein utopisches Projekt. In gewisser Hinsicht ist es das auch, in anderer aber gar nicht. Wir haben ja schon gesehen, dass es funktioniert. aula läuft in den Schulen gut, aula ist praktizierte Demokratie. Die Schüler »üben«

nicht, sich demokratisch zu verhalten, sie tun es. Das ist ein himmelweiter Unterschied. Ich bin überzeugt davon, dass man Demokratie nicht üben kann, kein Planspiel wird sie einem beibringen können. Demokratie kann man nur leben. Wer in der Schule erkannt hat, dass Demokratie wirksames Handeln ermöglicht, der kann dieses Wissen und die Praxis auch als Erwachsener anwenden.

Wenn ich sage, dass wir Demokratie mit den geeigneten Werkzeugen in die Schule bringen müssen, heißt das nicht, dass alle Generationen, die ohne aula aufwuchsen, verloren sind. Ich bin zu einer leidenschaftlichen Kämpferin für Demokratie geworden, weil ich aus einem System kam, in dem es sie nicht gab. Und ich bin mit Leuten zusammengetroffen, die die Vorzüge dieser Staats-, ja Lebensform zu schätzen wissen und einander ermutigen, sie zu verteidigen und zu stärken. Wenn einige es schaffen, können alle anderen es ebenso. Digitale Werkzeuge wie aula helfen dabei. aula ist einfach und flexibel. So eine Art von System kann als Roadmap für jede Art von Projekt genutzt werden, von einer Gruppe, die ein Mehrgenerationenhaus bauen will, ebenso wie von Bürgern, die Einfluss auf den Haushalt ihrer Stadt nehmen wollen.

Morgen muss nicht sein wie heute. Auch Sie müssen es nicht sein. Sie können morgen früh aufstehen und etwas Unerhörtes tun. Sie könnten einen Brief an Ihre Bundestagsabgeordnete schreiben. Sie könnten zu viel Abendessen kochen, bei den Nachbarn klingeln und ihnen etwas abgeben. Sie könnten eine Jugendmannschaft in Ihrem Lieblingssport trainieren oder eine Petition schreiben oder ein Repaircafé gründen. Sie könnten die Welt sehen, wie sie sein könnte. Und sich die Frage stellen: Was wäre, wenn ich sie wirklich so will? Was wäre also mein nächster Schritt? Und wer würde ihn mit mir gehen – am besten schon heute?

Tun Sie etwas, das Sie nie getan haben. Um sich davon zu überzeugen, dass Sie frei sind. Dass Dinge nicht in Stein gemeißelt sind. Dass Güte und Wertschätzung und Gemeinschaftsgefühl noch in dieser Welt sind. Und dass wir mit ihnen Berge versetzen können – wenn wir nur damit anfangen.

Es ist ein Wagnis, aber nicht, weil es ein utopisches Vorhaben ist, sondern weil jedem Handeln ein Aspekt der Ungewissheit innewohnt. Wie Hannah Arendt sagt:

»Wir fangen etwas an; wir schlagen unseren Faden in ein Netz der Beziehungen. Was daraus wird, wissen wir nie. Wir sind alle darauf angewiesen zu sagen: Herr vergib ihnen, was sie tun, denn sie wissen nicht, was sie tun. Das gilt für alles Handeln. Einfach ganz konkret, weil man es nicht wissen kann. Das ist ein Wagnis. Und nun würde ich sagen, daß dieses Wagnis nur möglich ist im Vertrauen auf die Menschen. Das heißt, in einem – schwer genau zu fassenden, aber grundsätzlichen – Vertrauen auf das Menschliche aller Menschen. Anders könnte man es nicht.«[14]

Dieses Vertrauen habe ich. Deshalb ist echte politische Beteiligung für mich keine Utopie, sondern das Ziel, das wir gemeinsam erreichen können. Davon bin ich überzeugt.

---

14 Hannah Arendt: »Was bleibt? Es bleibt die Muttersprache«, in: Günter Gaus: *Was bleibt, sind Fragen. Die klassischen Interviews*, S. 335, hg. v. Hans-Dieter Schütt. Berlin 2001; es handelt sich um das Transkript eines Interviews in der Fernsehreihe »Zur Person«, gesendet am 28. 10. 1964

Danksagung

Ich bedanke mich herzlich bei Alexa Schaegner, Steffen Wenzel, Lisa Wulf und all den anderen, die gemeinsam das Projekt aula entwickelt und verwirklicht haben. Mein großer Dank gilt außerdem unseren vielen Wegbegleitern, die schon jahrelang dabei sind. Und nicht zuletzt den Lehrerinnen und Lehrern, den Schülerinnen und Schülern, deren Einsatz und Kreativität zeigen, was Schule sein kann.